Lubasch · Geldwertsicherungsklauseln

DIE VOLKSWIRTSCHAFTLICHEN WIRKUNGEN VON GELDWERTSICHERUNGSKLAUSELN

VON

DIPL.-ING. DR. RER. POL.

KURT LUBASCH

WALTER DE GRUYTER & CO.

vormals G. J. Göschen'sche Verlagshandlung · J. Guttentag Verlagsbuchhandlung · Georg Reimer · Karl J. Trübner · Veit & Comp.

BERLIN 1964

Satz und Druck: Thormann & Goetsch, Berlin 44 · Printed in Germany.

Vorwort

Neben den vielen Veröffentlichungen über Geldwertsicherungsklauseln aus der Sicht des Juristen gibt es auffallend wenig Schriften aus der Feder von Wirtschaftswissenschaftlern. Zieht man dann noch die Schriften ab, die beschreibenden Inhalts sind, so bleiben nur ganz wenige Arbeiten übrig, die sich mit den Geldwertsicherungsklauseln aus der Sicht der volkswirtschaftlichen Theorie auseinandersetzen. Angesichts der Geldentwertung in den letzten Jahrzehnten und den weiteren Aussichten bei der Aufrechterhaltung der festen Wechselkurse muß dies verwundern.
Über die volkswirtschaftliche Bedeutung des privaten Sparens ist bereits genügend geschrieben worden, als daß man hoffen könnte, mit diesem Argument Regierung und Notenbank zu bewegen, eine weitere Verbreitung von Geldwertsicherungsklauseln zuzulassen. Dieses Argument ist daher in dieser Arbeit bewußt vernachlässigt worden, ohne daß seine Bedeutung deshalb unterschätzt wird.
Ausgangspunkt der Argumentation ist vielmehr der Nachweis, daß die Vermeidung einer Inflation nicht Selbstzweck einiger Theoretiker, sondern eine Notwendigkeit für eine befriedigende Entwicklung einer Marktwirtschaft ist. Der Akzent liegt dabei auf der Hemmung der Kapitalbildung und damit des Wirschaftswachstums, die mit hoher Wahrscheinlichkeit Folge der Inflation ist. Diese Tendenz ist nicht allein eine Folge geringeren Aufkommens an Ersparnissen, dem man ja mit Zwangskapitalbildung abhelfen könnte, sondern gleichermaßen Folge einer Fehlleitung der zur Verfügung stehenden Mittel in Investitionen, die im Vergleich zu der vorhandenen Kapitalausstattung der Volkswirtschaft die Produktionsumwege zu kurz werden läßt. Dem durch die Inflation herbeigeführten Zwangssparen entspricht auf der anderen Seite eine Art von Zwang zum Konsum, sofern nicht ein Konjunkturrückschlag in Kauf genommen wird. Es heißt dann, es fehle an Nachfrage.
Damit stößt die Untersuchung in einen Bereich vor, über den bisher nur wenig Grundlagenforschung vorhanden ist. Den Zugang findet man, indem man die makroökonomische Größe Investition in Schichten von Teilbeträgen auflöst, gegliedert nach der Länge der Produktionsumwege. Eine Investition, deren Amortisation schon eine entsprechende Nachfrage in der gleichen Periode verlangt, ist etwas anderes als eine Investition z. B. in einem Wasserkraftwerk, dessen Amortisationsbeträge sich auf viele

der folgenden Perioden verteilen und dementsprechend auch erst dann die Nachfrage in Höhe des in die Produkte eingegangenen Werteverzehrs an den Kapitalgütern erfordern. Die Zusammenhänge, die zu den Fragen der Neutralität des Geldes und dem Konjunkturproblem aus monetärer Sicht führen, konnten nur soweit verfolgt werden, als die Behandlung des Themas dies erforderte. Wenn dies aber Anregung genug ist, die Diskussion auch über diesen nicht unwichtigen Aspekt des Problems Wirtschaftswachstum mit herbeizuführen, ist ein wesentlicher Zweck dieser Arbeit erfüllt.

Wie damit schon angedeutet ist, wird in dieser Arbeit gezeigt, welche Einflüsse von Geldwertsicherungsklauseln auf den Inflationsprozeß ausgehen. Insbesondere drei Fragen werden behandelt: 1. Sind die wertgesicherten Kredite für die Schuldner eine unzumutbare Belastung. 2. Beschleunigen sie eine Geldwertänderung. 3. Korrigieren sie die Kapitalfehlleitungen.

Meinem verehrten Lehrer, Herrn Professor Dr. Alfred Kruse, danke ich für das große Interesse und die mannigfaltige Förderung, die er dieser Arbeit zuteil werden ließ. Danken möchte ich auch meinen Freunden Herrn Privatdozenten Dr. Hans H. Lechner und Dipl.-Ing. Diether Platow für manche wertvolle Anregung und nicht zuletzt Frau Gertrud Schewe für die Mühe des Manuskriptschreibens.

Berlin, im März 1964

Kurt Lubasch

Inhalt

I. Das Wesen der Geldwertsicherungsklauseln

1. Der Zweck der Geldwertsicherungsklauseln

Es „gibt ... in jedem Land, das eine Geschichte hat, eine fast bis zu den ersten Anfängen der Wirtschaftsannalen ununterbrochen zurückreichende Chronik des steten Sinkens im Realwert der aufeinanderfolgenden gesetzlichen Zahlungsmittel, die Geld dargestellt haben"[1].

Für eine Geldeinheit, eine Mark, einen Dollar oder ein Pfund Sterling waren im Laufe der Zeit immer weniger Produkte oder Produktionselemente, z. B. Arbeitsstunden, zu erhalten. Die Kaufkraft der Geldeinheiten sank. Man kann zwischen der Kaufkraft der Geldeinheit gegenüber den Produkten — den Verbrauchs- und Gebrauchsgütern — und der Kaufkraft des Geldes gegenüber den Produktionselementen — Arbeitsstunden, Nutzung von Kapital und Boden während einer Zeit — unterscheiden. Die Kaufkraft des Geldes gegenüber den Produkten soll *äußerer Tauschwert des Geldes,* die Kaufkraft gegenüber den Produktionselementen *innerer Tauschwert des Geldes* genannt werden[2]. Die Bedeutung dieser Unterscheidung und die Möglichkeit, Veränderungen des einen oder anderen Tauschwertes des Geldes zu messen, soll weiter unten diskutiert werden.

Da das Ziel des Wirtschaftens die Bereitstellung von Gütern für den Konsum ist, wird jede Preisänderung in den konsumferneren Produktionsstufen letztlich auch zu einer Preisänderung der Konsumgüter führen. Die Veränderungen des äußeren Tauschwertes des Geldes könnten demnach nicht wesentlich von den Veränderungen eines Lebenshaltungskostenindex differieren. In diesem Sinne zeigen die in der Abbildung 1 aufgezeichneten reziproken Veränderungen des Lebenshaltungskostenindex in Deutschland, Frankreich, England und den USA Veränderungen des äußeren Tauschwertes des Geldes.

Bei aller Problematik, die einem Vergleich der Lebenshaltungskosten über einen Zeitraum von mehr als hundert Jahren anhaftet, zeigt die Ab-

[1] John Maynard Keynes, Ein Traktat über Währungsreform. München und Leipzig 1924. S. 9.

[2] Vgl. wegen der Bezeichnungen „äußerer" und „innerer Tauschwert des Geldes" Carl Menger, Artikel „Geld". In: Handwörterbuch der Staatswissenschaften, Band IV. Jena ³1909. S. 588—598.

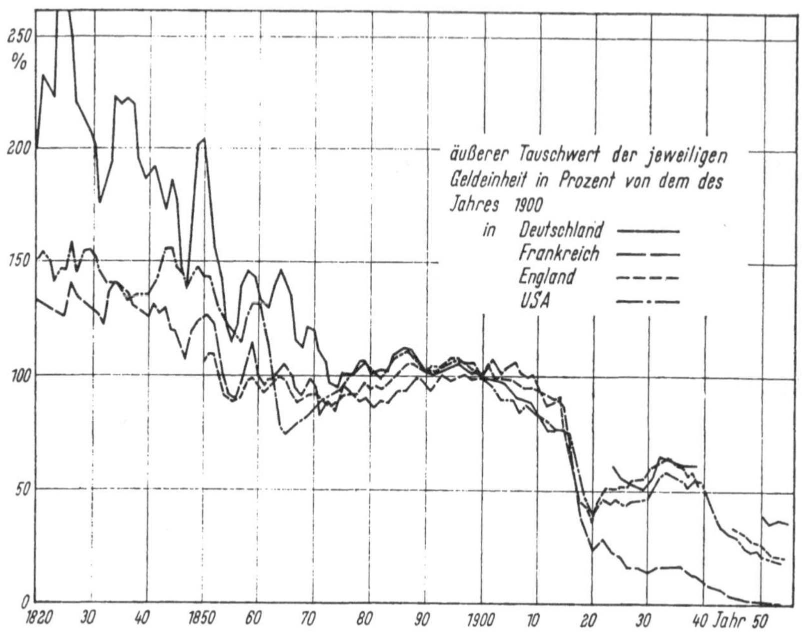

Abbildung 1

Quelle: F.-K. Läge, Die säkulare Inflation. Frankfurt/Main 1959. S. 109—117. Läge führt Tabellen über die Veränderung der Lebenshaltungskosten in Deutschland, Frankreich, England und den USA an. Die reziproken Werte dieser Lebenshaltungskosten sind in der Abb. 1 aufgezeichnet. Zur Genauigkeit der Berechnung schreibt Läge (a. a. O., S. 9), „daß alle Zahlenangaben, Indices, Tabellen keinen absoluten Gültigkeitswert haben können, wohl aber geeignet sind, den säkulären Trend der Entwicklung anzudeuten". Für Deutschland wurden für die Zeit von 1914 bis 1924 und von 1939 bis 1948 wegen der offenen bzw. zurückgestauten Inflation keine Angaben gemacht.
Über die Ursachen des Sinkens des äußeren Tauschwertes des Geldes im vorigen Jahrhundert vgl. Gustav Cassel, Theoretische Sozialökonomie. Erlangen u. Leipzig [3]1923. S. 422—433. Ferner Irving Fisher, Die Illusion des Geldes. Berlin o. J., S. 28—31. — Über die Währungsverhältnisse vgl. Otto Veit, Grundriß der Währungspolitik. Frankfurt/Main 1961, über Deutschland S. 427—447, Frankreich S. 368—370, England S. 366—368 und USA S. 373—377.

bildung 1 doch deutlich den sinkenden Trend des äußeren Tauschwertes des Geldes.

Ein sinkender äußerer Tauschwert des Geldes bedeutet für die Gläubiger von Krediten, daß der Gegenwert für die hingegebene Summe Geldeinheiten immer geringer wird. Sieht man in diesen Gläubigern nur

„Couponabschneider", die ungerechtfertigt ein arbeitsloses Einkommen beziehen, kann man sich über diese Entwicklung freuen. Warum sollte aber diese säkulare Inflation auf die Dauer nicht ähnliche volkswirtschaftliche und soziale Schäden mit sich bringen, wie sie von der Hyperinflation nur zu gut bekannt sind?[3] Wird den Gläubigern das Absinken des äußeren Tauschwertes des Geldes bewußt, werden sie versuchen, sich vor den Folgen zu schützen.

Für Deutschland kann nach den Erfahrungen der letzten fünfzig Jahre vermutet werden, daß die Gläubiger die Veränderungen des äußeren Tauschwertes des Geldes erkennen. Ihre Erwartungen hinsichtlich der weiteren Entwicklung des äußeren Tauschwertes der Deutschen Mark werden die Verwendung ihrer Mittel beeinflussen. Welche Möglichkeiten bestehen für die Gläubiger, sich vor den Folgen eines Absinkens des äußeren Tauschwertes des Geldes zu schützen?

Die Gläubiger von Krediten setzen sich zwei Risiken aus, dem Risiko der Zahlungsunfähigkeit und -unwilligkeit der Schuldner und dem Risiko der Änderung des Tauschwertes des Geldes, das mit der Kredithergabe ökonomisch gesehen „vermietet" worden ist[4]. Zwischen diesen beiden Risiken besteht ein gewisser Zusammenhang. Nimmt man an, der äußere Tauschwert des Geldes fiele, so dürfte das Risiko der Zahlungsunfähigkeit und -unwilligkeit der Schuldner abnehmen, da diese insgesamt gesehen dann wohl gleichviel Geldeinheiten, aber weniger an Gütern schulden. Stiege der äußere Tauschwert des Geldes, so könnten die Schuldner wegen des größeren Gegenwerts des Kredits in Gütern einen Verlust erleiden und ihre Zahlungsfähigkeit beeinträchtigt werden[5].

Das Risiko der Zahlungsunfähigkeit und -unwilligkeit der Schuldner kann man durch Risikostreuung vermindern. Wie das im einzelnen geschehen könnte, braucht hier nicht behandelt zu werden. Das Risiko der Änderung des äußeren Tauschwertes des Geldes könnte durch einen Aufschlag oder

[3] Vgl. R. v. Ungern-Sternberg, Geldwertschwund, sozialer Friede und Staatsgefühl. Frankenstein o. J.; ferner Geldentwertung und Stabilisierung in ihren Einflüssen auf die soziale Entwicklung in Österreich. In: Schriften d. Vereins f. Sozpol., 169. Band. München und Leipzig 1925.

[4] Vgl. Carl Föhl, Kredit (II) Theorie. In: Handwörterbuch der Sozialwissenschaften. 6. Band. Stuttgart-Tübingen-Göttingen 1959. S. 301.

[5] Vgl. z. B. Deutsche Sparkassenzeitung 1929 Nr. 94, S. 1: „Der Kaufkraftgedanke wird . . . tatsächlich mehr oder minder lediglich zu Agitationszwecken benutzt, . . . das Problem für den Sparer liegt nicht in der Sicherheit der Reichsmarkguthaben, sondern in der Sicherheit des betreffenden Sparunternehmens."

Abschlag auf den Zins vergütet werden. Fisher[6] wies nach, daß der Zins unter anderem durch Änderungen des äußeren Tauschwertes des Geldes beeinflußt wird. Die Untersuchungen Fishers ergeben aber auch, daß dennoch Verluste für die Gläubiger oder Schuldner entstehen könnten, wenn die Änderungen des äußeren Tauschwertes des Geldes im Zins nicht zutreffend antizipiert wurden. Darauf soll später noch eingegangen werden.

Zur Eliminierung des Risikos der Änderung des äußeren Tauschwertes des Geldes können Schuldner und Gläubiger auch eine Geldwertsicherungsklausel vereinbaren. Dabei kommen Schuldner und Gläubiger überein, daß nicht mehr ein bestimmter Geldbetrag in inländischer Währung geschuldet wird, sondern der Gegenwert einer bestimmten Güter- oder Devisenmenge in Geldeinheiten[7]. Die Geldeinheit verliert damit die Funktion als Wertmaßstab für die Kreditverträge, allgemein ausgedrückt, für den intertemporalen Wertvergleich. Es könnte beispielsweise vereinbart werden, daß bei Fälligkeit des Kredits der dann am Markte geltende Preis von 1 t Roggen festgelegter Qualität zurückzuzahlen ist.

Bei einem nichtwertgesicherten Kredit wird ökonomisch gesehen ein Geldbetrag „vermietet", bei einem wertgesicherten Kredit dagegen eine Gütermenge. Bei Änderungen des äußeren Tauschwertes des Geldes verändert sich daher bei den wertgesicherten Krediten der Gegenwert der geschuldeten Gütermenge in Geld, d. h. der Nominalbetrag des wertgesicherten Kredits.

Der Zweck einer Geldwertsicherungsklausel ist es, ein Vermögen, nämlich den hingegebenen Kredit in die Preisrelationen der Güter einzubeziehen. Wohl kann der Preis des gewählten Wertmaßstabes aus monetären und aus güterwirtschaftlichen Gründen sich in Relation zu den übrigen Güterpreisen ändern, grundsätzlich wird er aber die Bewegungen des „Preisniveaus" mitmachen. Durch die Wahl eines geeigneten Wertmaßstabes soll das Risiko einer Änderung des relativen Preises des Wertmaßstabes im Vergleich zu den anderen Gütern möglichst klein gehalten werden.

[6] Vgl. Irving Fischer, Die Zinstheorie. Jena 1932. S. 31—37.

[7] Da in dieser Arbeit auf die volkswirtschaftliche und nicht die juristische Problematik der Geldwertsicherungsklauseln abgehoben wird, braucht nicht angeführt zu werden, zu welchen juristischen Konstruktionen der Verlust der Wertmaßstabfunktion der Geldeinheit bei Kreditverträgen führt. Vgl. dazu z. B. Konrad Duden, Empfehlen sich gesetzliche Bestimmungen über die Wertsicherung? Tübingen 1953. S. 6—8.

2. Der Unterschied zwischen Geldwertsicherungs- und Preisgleitklauseln

Von den Geldwertsicherungsklauseln sind die Preisgleitkauseln zu unterscheiden. Durch Preisgleitklauseln werden Preisrelationen fixiert. Soll bei einem Indexlohn der Nominallohn entsprechend den Änderungen des Lebenshaltungskostenindex verändert werden, so wird dabei als Lohn nicht ein Geldbetrag, sondern ein bestimmtes Vielfaches des Warenkorbes vereinbart, mit dem die Veränderungen des Lebenshaltungskostenindex errechnet werden. Steigt der Preis für diesen Warenkorb, steigt auch der Nominallohn, während der Reallohn unverändert bleibt. Die Preisrelation zwischen dem Warenkorb und der Arbeitsleistung ist durch die Preisgleitklausel fixiert worden.

Preisgleitklauseln werden dort verbreitet sein, wo für die Zeit zwischen Vereinbarung eines Preises und der Lieferung oder Leistung beider Parteien mit einer Änderung des äußeren Tauschwertes des Geldes gerechnet wird. Beispiele sind die Index-Miete, der Index-Lohn, Kauf- und Werkverträge mit Preisgleitklauseln über die Lieferung umfangreicher Investitionsgüter, deren Produktion längere Zeit in Anspruch nimmt. Mit der Preisgleitklausel soll sichergestellt werden, daß der vereinbarte Preis auch bei Änderung des äußeren Tauschwertes des Geldes in Relation zu den jeweils geltenden Marktpreisen anderer Güter unverändert bleibt. Wie bei den Geldwertsicherungsklauseln verliert die Geldeinheit die Funktion des Wertmaßstabes im intertemporalen Wertvergleich. Worin besteht dann aber der Unterschied?

Eine Preisgleitklausel für einen Kredit würde bedeuten, daß der Preis des Kredits, nämlich der Zins, Gegenstand der Wertsicherung ist. Bei einer Bindung an den Lebenshaltungskostenindex und dessen Steigerung um 10 % würde sich dann der Zins von vielleicht 4 % auf 4,4 % erhöhen müssen. Demgegenüber bezieht sich eine Geldwertsicherungsklausel eines Kredits nicht auf den Zins, sondern auf die Schuld, deren Wert in Relation zu den Gütern unverändert bleiben soll[8]; um den Kredit geben zu können, hat der Gläubiger auf den Kauf einer bestimmten Gütermenge verzichtet. Die Wertsicherung dieses Kredits bewirkt, daß er bei Rückzahlung des Kredits so viel Geldeinheiten zurückerhält, um trotz der Änderung des äußeren Tauschwertes des Geldes nunmehr diese Gütermenge kaufen zu können. Obwohl es sich bei dem Kreditbetrag um keinen Preis handelt, wird dennoch dessen Wert in bezug auf die Preisrelationen der Güter

[8] Man könnte auch sagen, die Preisgleitklauseln beziehen sich auf Stromgrößen, die Geldwertsicherungsklauseln dagegen auf Bestandsgrößen.

durch die Geldwertsicherungsklausel fixiert. Man könnte als Arbeitshypothese auch annehmen, es sei ein neues Gut entstanden, nämlich das Gut Konsumverzicht. Der Preis dieses Gutes wird durch Geldwertsicherungsklauseln, obwohl es als Menge eigentlich nur durch einen Geldbetrag zu beschreiben ist, in Relation zu den Preisen der übrigen Güter fixiert. Durch eine Geldwertsicherungsklausel soll die Menge des immateriellen Gutes Konsumverzicht trotz der Tauschwertänderungen des Geldes unverändert erhalten werden.

Natürlich sind Preisgleitklauseln für Kreditverträge denkbar, die im Effekt den Geldwertsicherungsklauseln gleichkommen. Ist für einen Kredit 4 % Zins im Jahr zu zahlen, so könnte eine Preisgleitklausel vorsehen, daß eine einprozentige Tauschwertminderung des Geldes auch den zu zahlenden Zins um 1 % erhöht. Der Schuldner zahlte dann nicht allein den Preis für den Kredit mit den Zinszahlungen, sondern tilgte mit dem einprozentigen Zinsaufschlag bereits einen Teil des Kredits, ohne daß dabei eine genaue Trennung erfolgt[9]. Der Vorteil einer Geldwertsicherungsklausel ist darin zu sehen, daß Zinszahlungen und Kreditrückzahlung scharf getrennt werden und es daher nicht unbewußt zum Verzehr des Gutes Konsumverzicht kommen kann.

Durch eine Geldwertsicherungsklausel sind zwei Dinge, der Nominalbetrag des Kredits und der Nominalbetrag der Zinszahlungen, entsprechend den Tauschwertänderungen des Geldes zu variieren. In diesem Sinne sind daher Geldwertsicherungsklauseln nur bei Kreditverträgen möglich. Bezogen auf den veränderlichen Nominalbetrag des Kredits bleibt der Preis, nämlich der Zins, bei einer Geldwertsicherungsklausel konstant. Alle übrigen Wertsicherungsverträge würden unter den Begriff der Preisgleitklauseln fallen, z. B. der Indexlohn, die Indexmiete usw.

Diese Unterscheidung ist wirtschaftlicher Natur und dient dem Zweck, streng zwischen Preis und dessen Anpassung an das durch Tauschwertänderungen des Geldes veränderte Preisniveau und dem Vermögen und dessen Bewertung in Geldeinheiten entsprechend dem veränderten Preisniveau zu unterscheiden.

Die nach wirtschaftlichen Gesichtspunkten vorgenommene Unterscheidung weicht daher wesentlich von der juristischen Einteilung ab, die von den Vertragstypen des BGB ausgeht[10].

[9] Der Unterschied zwischen der Bestandsgröße Kredit und der Stromgröße Zins wird verwischt.

[10] Vgl. Dürkes, Werner, Wertsicherungsklauseln. Heidelberg [5]1961 S. 25—28. Dürkes unterscheidet beispielsweise zwischen Wertsicherungsklauseln und

Hier soll dagegen scharf zwischen der Vermögenserhaltung und der Preisbildung in bezug auf die Preisrelationen unterschieden werden, was dazu führt, daß die Geldwertsicherungsklauseln den Kreditverträgen vorbehalten sind und Preisgleitklauseln sich auf alle übrigen Verträge beziehen, deren Charakteristikum es ist, daß in Zukunft ein Angebot an den Markt gebracht werden soll, dessen Preis nur in Relation zu anderen Gütern festgelegt wird, dessen absolute Höhe aber noch offen bleibt. Bei einer Indexmiete könnte die Preisgleitklausel beispielsweise vorsehen, daß die monatliche Miete dem Preis von 50 Arbeitsstunden bestimmter Qualifikation entsprechen soll. Entsprechend dem jeweiligen Nominalpreis dieser Arbeitsstunden ergibt sich dann der jeweilige Mietpreis in Geld gerechnet.

Beim Kredit wird das Gut Konsumverzicht für eine festgelegte Dauer überlassen, wobei gesichert werden soll, daß dieses Gut in unveränderter Menge erhalten bleibt. Es liegt ein volkswirtschaftliches Interesse vor, daß dieses für die Kapitalbildung wichtige Gut nicht unbewußt verzehrt wird, weil sonst entweder der Kapitalbestand in der Volkswirtschaft abnimmt oder der Konsumverzicht an anderer Stelle in der Volkswirtschaft erzwungen wird; beides könnte zu einer Einkommens- und Vermögensverteilung führen, die wirtschaftspolitisch unerwünscht ist.

Im folgenden soll unter einer *Geldwertsicherungsklausel eine Vereinbarung zwischen Schuldner und Gläubiger eines Kreditvertrages verstanden werden, durch die die geschuldete Geldsumme automatisch entsprechend den Preisänderungen der als Wertmaßstab gewählten Güter verändert wird.* Der Nominalbetrag des zu zahlenden Zinses wird zum vereinbarten Zinssatz von dem so veränderten Nominalbetrag des Kredits berechnet.

3. Die gesetzlichen Vorschriften über Geldwertsicherungsklauseln in der Bundesrepublik Deutschland

Im Laufe der Inflation nach dem Ersten Weltkrieg wurden Geldwertsicherungsklauseln in Deutschland in steigendem Umfang verwendet. Grund-

Preisklauseln (Kostenelementsklauseln). Bei Preisklauseln ist die Höhe der Gegenleistung unter dem Vorbehalt vereinbart, daß sich die Selbstkosten des Unternehmers (z. B. Löhne, Materialpreise) gegenüber den der Kalkulation zugrunde liegenden Sätzen nicht ändern. Wertsicherungsklauseln beziehen sich dagegen nach Dürkes nicht nur auf Kreditverträge. Unter dieser werden Indexlöhne, Indexmieten, wertgesicherte Kreditverträge und Pachtverträge zusammengefaßt.

sätzlich erlaubt das Prinzip der Vertragsfreiheit Geldwertsicherungsklauseln. Bei Hypotheken, Schiffspfandrechten und Grundpfandrechten schufen gesetzliche Regelungen erst die Voraussetzung für die Wertsicherung dieser Kredite[11].

Im Jahre 1923 waren Geldwertsicherungsklauseln in Deutschland sehr weit verbreitet. Als Wertmaßstäbe dienten auch einzelne Güter, wie Roggen und Kohle. Nach der Stabilisierung der Mark zeigte sich, daß z. B. der Wertmaßstab Roggen für die Gläubiger die erhoffte „Wertbeständigkeit" des Kredits nicht gewährleistete. Ähnliche Erfahrungen wurden mit den anderen Wertmaßstäben, wie Kohle und Devisen, gemacht, nicht zuletzt deshalb, weil diese Güter als „Sachwerte" während der Inflation relativ teuer waren[12]. Dennoch ging die Verbreitung der Geldwertsicherungsklauseln in den folgenden Jahren keineswegs zurück. Nur eine große Anleihe, die Reichsanleihe von 1927[13], wurde ohne Geldwertsicherungsklausel emittiert.

Nach der Stabilisierung wurde als Wertmaßstab für die wertgesicherten Kredite allerdings fast ausschließlich nur noch das Gut Gold benutzt, weil man beim Golde eine besondere Wertbeständigkeit vermutete.

Im Dritten Reich wurden dann gesetzliche Einschränkungen für das Eingehen von Geldwertsicherungsklauseln erlassen[14]. Diese Vorschriften und später die zurückgestaute Inflation schränkten die Verbreitung der Geldwertsicherungsklauseln ein.

Die gesetzlichen Vorschriften über Geldwertsicherungsklauseln nach dem Zweiten Weltkrieg gehen vom Gesetz 51 der Alliierten Militärregierung (Währung) vom Jahre 1946 aus[15], das Zahlungen in einer anderen als der Mark-Währung ohne Zustimmung der Militärregierung verbot, aber kein grundsätzliches Verbot von Geldwertsicherungsklauseln vorsah. Im Jahre 1947 folgte das Erste Änderungsgesetz zum Gesetz 51 (Mark=Mark-Gesetz), demzufolge mit sofortiger Wirkung auch Forderungen mit Geldwertsicherungsklauseln nur in Höhe ihres Nennbetrages in Reichsmark, also Mark = Mark, erfüllbar sein sollten[16].

[11] Vgl. Konrad Duden, a. a. O., S. 8—10.

[12] Vgl. Joseph Stern, Die Sicherung langfristiger Anleihen gegen Währungsschwankungen. Berlin 1932. S. 60—79.

[13] Vgl. Joseph Stern, a. a. O., S. 78.

[14] Vgl. Konrad Duden, a. a. O., S. 12—13.

[15] Gesetz 51 (Währung), Amtsblatt der Militärregierung Deutschland, amerikanische Zone, Ausgabe A vom 1. 6. 1946, S. 23, und entsprechende Gesetze für die britische und französische Zone und Groß-Berlin.

[16] Erstes Änderungsgesetz zum Gesetz 51, Amtsblatt der Militärregierung

Das Gesetz 61 (Währungsgesetz) vom 1. 8. 1948 verfügt eine Genehmigungspflicht für Geldwertsicherungsklauseln[17]. § 3 dieses Gesetzes sieht vor:

„Geldschulden dürfen nur mit Genehmigung der für die Erteilung von Devisengenehmigungen zuständigen Stelle in einer anderen Währung als in Deutscher Mark eingegangen werden. Das Gleiche gilt für Geldschulden, deren Betrag in Deutscher Mark durch den Kurs einer solchen anderen Währung oder durch den Preis oder eine Menge von Feingold oder von anderen Gütern oder Leistungen bestimmt werden soll[18]."

Für die Genehmigung von Geldwertsicherungsklauseln ist jetzt die Deutsche Bundesbank zuständig.

In den Grundsätzen bei der Entscheidung über die Genehmigungsanträge nach § 3 des Währungsgesetzes, die am 12. 12. 58 von der Deutschen Bundesbank veröffentlicht wurden, sind die Ausnahmen angeführt, in denen eine Genehmigung durch die Deutsche Bundesbank zu erwarten ist. Ausnahmen sind die folgenden Fälle:

1. Dient der Warenkorb, der für die Errechnung des Lebenshaltungskostenindex herangezogen wird, als Wertmaßstab, so kann als Ausnahmeregelung eine Wertsicherung genehmigt werden, wenn es sich um wiederkehrende Zahlungen für die Lebensdauer des Empfängers, bis zur Erreichung seiner Erwerbsfähigkeit oder eines bestimmten Ausbildungszieles handelt. Das gleiche gilt, wenn der Betrag wiederkehrender Zahlungen von einem Lohn-, Gehalts- oder Rentenindex abhängig ist.
2. Nicht ausgeschlossen ist ferner die Genehmigung durch die Deutsche Bundesbank dann, wenn Geldwertsicherungsklauseln mit einem Wertmaßstab versehen sind, der nur Güter enthält, die der Schuldner in seinem Betrieb herstellt oder veräußert.
3. Devisen werden nur dann als Wertmaßstab zur Wertsicherung zugelassen, wenn es sich um Einfuhranschlußverträge zwischen Impor-

Deutschland, amerikanische Zone, Ausg. E v. 1. 8. 1947, S. 15, und entsprechende Gesetze für die britische, französische Zone und Groß-Berlin.

17 Vgl. Werner Dürkes, a. a. O., S. 14—21.
Derzeitige Rechtsgrundlagen: Gesetz 61, Amtsblatt der Militärregierung, amerikanische Zone, Ausg. J vom 1. 8. 1948, S. 6; Gesetz 63, Amstblatt der Militärregierung, amerikanische Zone (Umstellungsgesetz) Ausg. J vom 1. 8. 1948, S. 21, und das DM-Bilanzgesetz §§ 11 u. 12. Dazu Mitteilung der Deutschen Bundesbank Nr. 1009/58 betr. Grundsätze bei der Entscheidung über Genehmigungsanträge nach § 3 des Währungsgesetzes.

18 Zitiert nach Dürkes, a. a. O., S. 17.

teuren und Erstabnehmern, um Ausfuhrzulieferungsverträge zwischen Exporteuren und ihren unmittelbaren Zulieferanten handelt, und in einigen weiteren Ausnahmefällen[19].

Die gesetzlichen Bestimmungen und die Rechtsprechung über Geldwertsicherungsklauseln in anderen Ländern sind sehr unterschiedlich. Ein Überblick über die Regelung in den einzelnen Ländern findet sich bei Duden und Dürkes[20].

[19] Vgl. Dürkes, a. a. O., S. 27—28.
Vgl. H. Fögen, Bedeutung, Anwendungsbereich und Grundsätze für die Anwendung von § 3 Satz 2 des Währungsgesetzes („Sachwertklauseln"). In: Der Betriebs-Berater, 13. Jahrg. 1958. S. 1259—67.

[20] Vgl. Duden, a. a. O., S. 28—44 und Dürkes, a. a. O., S. 45—48. — Verboten sind weniger Geldwertsicherungsklauseln an sich als einzelne Wertmaßstäbe, z. B. der Wertmaßstab Gold in den USA und in Österreich. Allein die traditionelle Rechtsprechung in Frankreich richtete sich gegen Geldwertsicherungsklauseln an sich, läßt aber jetzt Ausnahmen zu. — In der Schweiz, Italien, Belgien, den Niederlanden, Großbritannien, Dänemark, Finnland, aber auch in Österreich und in den USA, soweit kein verbotener Wertmaßstab benutzt wird, sind Geldwertsicherungsklauseln grundsätzlich zulässig.

II. Die Argumente gegen und für die Zulassung von Geldwertsicherungsklauseln

1. Die Argumente gegen die Zulassung von Geldwertsicherungsklauseln

Wie schon der Überblick über die gesetzlichen Bestimmungen über Geldwertsicherungsklauseln in Deutschland seit dem Ersten Weltkrieg zeigte, sind die Ansichten darüber, ob Geldwertsicherungsklauseln erlaubt werden sollten oder nicht, keineswegs einheitlich. Ohne vorerst Stellung zu nehmen, sollen nachfolgend die wichtigsten Argumente gegen und für die Zulassung von Geldwertsicherungsklauseln angeführt werden.

Für ein Verbot von Geldwertsicherungsklauseln wird angeführt:

1. Das Vertrauen in die Währung wird zerstört.

Die Geldwertsicherungsklauseln tragen wesentlich dazu bei, einen sinkenden Tauschwert des Geldes mit aller Deutlichkeit aufzuzeigen; sie zerstören dadurch das Vertrauen in die Stabilität der Währung und bewirken, daß das weiterhin erwartete Sinken des Tauschwertes des Geldes in die Wirtschaftspläne einkalkuliert wird. Dadurch könnte sich die Umlaufgeschwindigkeit des Geldes erhöhen. Die Geldwertsicherungsklauseln wirken dann inflationsverschärfend[21].

2. Preissteigerungen werden verallgemeinert und beschleunigt.

Die Geldwertsicherungsklauseln zwingen den Schuldner, sich seinerseits wieder mit einer Geldwertsicherungsklausel rückzuversichern, d. h. einer wertgesicherten Schuld muß eine wertgesicherte Forderung oder ein Sachwert gegenüberstehen. Dadurch kommt es zu einer Ausbreitung der Geldwertsicherungsklauseln über die gesamte Volkswirtschaft. Inflationäre

[21] Vgl. dazu Dürkes, a. a. O., S. 18:
„Die gesetzgeberische und rechtspolitische Bedeutung des § 3 des Währungsgesetzes liegt in erster Linie darin, daß die Deutsche Bundesbank als die berufene Hüterin der Deutschen Währung mit seiner Hilfe diejenigen inflationistischen Gefahren abwenden sowie währungspolitisch bedenkliche Tendenzen von allem Anfang an unter schärfster Kontrolle halten will, die sich aus Überhandnehmen solcher Wertsicherungsklauseln für die Stabilität unserer Währung ergeben könnten; denn alle diese Klauseln können allein schon dadurch ungünstige psychologische Wirkungen haben, daß sie einen Kaufkraftverfall mit aller Deutlichkeit aufzeigen und dadurch ‚inflationsverschärfend' wirken."

Preissteigerungen, die sich bisher nur langsam ausbreiten konnten, breiten sich mit Hilfe der Geldwertsicherungsklauseln sehr schnell aus[22].

3. Relative Preisänderungen führen zum Sinken des Tauschwertes des Geldes.

Ist der Wertmaßstab dieser Geldwertsicherungsklauseln ein einzelnes Gut, so kann sich der Preis dieses Gutes abweichend vom Tauschwert des Geldes verändern. Die Folge ist, daß durch die Geldwertsicherungsklauseln Zahlungen fällig werden, die in keinem Zusammenhang mehr mit den Änderungen des Tauschwertes des Geldes stehen. Die durch die Geldwertsicherungsklauseln entstehenden Mehrkosten müßten die Schuldner, wenn es sich um Unternehmer handelt, im Preise überwälzen. Bei ge-

[22] Vgl. dazu Gutachten des Wissenschaftlichen Beirates beim Bundeswirtschaftsministerium vom Januar 1957 bis März 1961, 5. Bd., Göttingen 1961. S. 19, 20, 21: „Preisgleitklauseln und Indexklauseln haben ... die immanente Tendenz, bei Furcht vor Geldentwertung sich auszubreiten und dadurch die Durchsichtigkeit der Preisbildung zu erschweren und die Flexibilität der Preise zu gefährden." „... die wirtschaftspolitische Anerkennung solcher Klauseln" läuft „im Endeffekt darauf hinaus, die nominelle Währungseinheit durch eine Indexmark zu ersetzen. Die Wirtschaftspolitik sollte sich daher mit allen Kräften der Anerkennung von Indexklauseln ... widersetzen." „Die als Schutz vor den Wirkungen von Inflationen vorgeschlagene Indexautomatik hat ... zur Folge, begonnene Inflationsvorgänge zu verallgemeinern und zu beschleunigen."

Ferner Albert Hahn, Index-Illusionen Index-Folgen. In: Zeitschr. f. d. ges. Kreditwesen, Jg. 1957. S. 502:

„Indexklauseln ‚sind' entweder überflüssig oder schädlich oder unwirksam" ... „Sie sind offensichtlich überflüssig, so lange es nicht zu Inflationen kommt. Kommt es aber zu Inflationen, ist die Wirkung der Klauseln verheerend, da sie nach einer gewissen Zeit zur Hyperinflation, vielleicht sogar zur völligen Vernichtung der Währung, und zu wirtschaftlicher Stagnation führen müssen." Vgl. weiter Dürkes, a. a. O., S. 18:

„Sie werden außerdem einen Schuldner, der infolge des Wirksamwerdens der Wertsicherungsklauseln mehr als den ursprünglichen Nennbetrag seiner Schuld zu bezahlen hat, veranlassen, auch seinerseits die erlittene Einbuße wieder auf seine eigenen Schuldner abzuwälzen, wodurch sich die ‚Inflationsgefahr' ausweitet. Daneben will man verhindern, daß durch ein übermäßiges und unkontrolliertes Überhandnehmen solcher ‚Sachwertklauseln' einem Mißtrauen in die Stabilität unserer Währung Ausdruck gegeben wird und diese dadurch sowohl im In- als auch im Ausland in Mißkredit geraten könnte. Die Erfahrungen mit den zwischen den beiden Weltkriegen geradezu als einer ‚gesellschaftlichen Unsitte' verbreitenden Feingoldklauseln haben gezeigt, daß solchen Klauseln stets ein ‚eigener inflationärer Effekt' innewohnt, der einmal wirksam geworden, kaum wieder rückgängig gemacht werden kann."

nügender Verbreitung könnte auf diesem Wege durch Geldwertsicherungsklauseln ein Sinken des Tauschwertes des Geldes induziert werden[23].

4. Nicht alle Kreditnachfrager können Geldwertsicherungsklauseln akzeptieren.

Für einen großen Teil der Schuldner besteht keine Möglichkeit, sich eine wertgesicherte „Rückendeckung" zu verschaffen. Dies gilt insbesondere für den Fiskus, dessen Steuereinnahmen nicht wertgesichert sind. Bei einer Inflation werden die Steuerschuldner ihre Zahlungen hinauszögern; die Einnahmen des Fiskus verlieren ständig an Kaufkraft. Er ist außerstande, wertgesicherte Anleihen unter diesen Umständen zu bedienen, was dazu führen könnte, daß er sich nun durch vermehrte Geldemission zu finanzieren sucht[24].

[23] Vgl. O. Hintner, Geldwertrisiko und Investitionsanleihen. In: Österreichisches Bankarchiv, 6. Jg. 1958, III, S. 70—71:
„... in vielen Fällen, beispielsweise gerade im Falle der Erzeugung elektrischer Energie, wird dies freilich gleichzeitig auch eine gewisse Sicherung gegen Entwertung des hingegebenen Kapitals bieten können, da der Wert des Erzeugnisses konform dem Geldwert sich entwickeln wird. Je differenzierter aber die Güter sind, welche produziert und mit dem hingegebenen Darlehnsbetrag wertmäßig gekoppelt werden, desto weniger wird die Veränderung des Wertes der Erzeugung identisch mit Geldwertänderungen sein. Sogar beim Wert der elektrischen Energie sind Schwankungen des Wertes denkbar, die nichts mit Geldwertänderungen zu tun haben." ... „Jede weitergewälzte Kostenerhöhung wie sie etwa durch Erhöhung der Löhne, Rohstoffverteuerung, Steuererhöhung oder ähnliches verursacht sein mag, bedeutet also auch eine Kostenerhöhung im Anleihedienst; gerade bei anlageintensiven Betrieben, wenn sie sich weitgehend mit derartig ausgestatteten Anleihen finanzieren würden, würde dies in den Kosten pro Produktionseinheit möglicherweise stark verspürbar werden und somit wieder eine neuerliche Kosten- und Preissteigerung zum Ausgleich der vermehrten Kosten des Anleihedienstes herbeiführen können. Der Hinweis auf die bekannte ‚Schraube ohne Ende' ist daher angebracht; sie kann in Gang kommen, ohne daß sich der Geldwert als solcher zu verändern braucht. Die inflatorische Tendenz dieser Art Anleiheausstattung ist unverkennbar, wenn man einmal annimmt, daß eine große Anzahl von Betrieben der Grundstoffindustrie sich ihrer bedienen würde. Man setzt nämlich an die Stelle von fixen Kosten für den Anleihedienst zum Teil variable, die ihrerseits von jeder Erhöhung anderer Kostenelemente mit in Bewegung gesetzt werden können."

[24] Vgl. Richard Kerschagl, Wertsicherungsklauseln in Österreich. In: Zeitschr. f. d. ges. Kreditwesen, Jg. 1953, Heft 9, S. 9:
„Rein ökonomisch gesehen liegt hier das Hauptproblem darin, daß man Ver-

5. Geldwertsicherungsklauseln werden unerfüllbar und werden daher für ungültig erklärt.

Es gibt viele historische Beispiele, daß in Zeiten einer Hyperinflation, wenn also die Wertsicherung für den Schuldner besonders wichtig war, die Geldwertsicherungsklauseln für ungültig erklärt worden sind. Die Gefahr ist dann besonders groß, wenn der Fiskus der Schuldner der wertgesicherten Kredite ist und es für ihn immer weniger möglich wird, die eingegangenen Schulden zurückzuzahlen[24a].

pflichtungen mit Wertsicherung praktisch nur dann eingehen kann, wenn man seinerseits eine ‚Rückendeckung' hierfür besitzt. So können etwa Kreditinstitute Einlagen mit irgendeiner Wertsicherung nur dann entgegennehmen, wenn sie diese Einlagen mit der gleichen Wertsicherung als Kredite weitergeben oder Papiere mit der gleichen Wertsicherung dafür erwerben können. Noch deutlicher liegt die Situation bei den Versicherungsanstalten. Hier steht und fällt überhaupt die praktische Möglichkeit des Eingehens einer Versicherung mit Wertsicherungsklausel mit der Möglichkeit, in gleicher Art wertgesicherte öffentliche Anleihen selbst erwerben zu können. Und wenn wir den Staat oder die öffentliche Hand unter dem gleichen Gesichtspunkt betrachten, so kommen wir in analoger Weise zu dem Schluß, daß ein wirklich verantwortungsbewußter Leiter der Finanzen staatliche Anleihen mit Wertsicherung nur dann ausgeben kann, wenn er seinerseits die Möglichkeit besitzt, zur Deckung der daraus erwachsenden Ausgaben gegebenenfalls Einnahmen zu erzielen, welche nach dem gleichen Wertsicherungsfaktor verändert werden können. Jede andere Auffassung von seiner Seite wäre praktisch eine Bankrottpolitik. Zwar könnte man sich dieser Tatsache gegenüber etwa auf den Standpunkt stellen, daß der Staat im Bedarfsfalle einfach nur die erforderlichen Steuergesetze zu erlassen brauchte. Nichts aber wäre in Wirklichkeit falscher als ein solcher rein formaler, von einer fiktiven Omnipotenz des Staates ausgehender Standpunkt, der letzten Endes mit einem erfolglosen Wettlauf zwischen dem Einnahmen- und dem Ausgabensektor enden müßte."

Vgl. auch Karl Landauer, Grenzen und Gefahren der Goldmarkrechnung. In: Archiv für Sozialwissenschaft und Sozialpolitik, 51. Bd. 1924, S. 99—103.

Dort wird die Frage diskutiert, ob das Deutsche Reich sich während der großen Inflation wertgesicherte Steuereinnahmen verschaffen sollte, da der Realwert der Steuereinnahmen bei der rapiden Geldentwertung gering war.

[24a] Vgl. Richard Kerschagl, Probleme des Marktes für langfristige Geldanlagen. In: Österreichisches Bankarchiv 6. Jg. 1958, S. 37:

„Praktisch besteht aber zweifellos nicht nur die Möglichkeit, sondern sogar eher die Wahrscheinlichkeit, daß im entsprechenden Falle solche Wertsicherungsklauseln, gleichgültig wie sie lauten, für ungültig erklärt werden. Hier gilt das bekannte Wort Friedrich von Wiesers," daß „zu seinem großen Bedauern ‚jeder Nationalökonom feststellen müsse, daß man sich in einem brennenden Haus kein feuersicheres Kabinett mieten könne'."

Ferner Richard Kerschagl, Wertsicherungsklauseln in Österreich, a. a. O., S. 9:

Ganz überspitzt formuliert, lassen sich die Argumente gegen Geldwertsicherungsklauseln etwa folgendermaßen zusammenfassen:

Geldwertsicherungsklauseln bewirken bei einem Sinken des Tauschwertes des Geldes, das unter Umständen von ihnen induziert sein kann, eine Vergrößerung der Umlaufsgeschwindigkeit des Geldes. Die Folge ist eine Verallgemeinerung und Beschleunigung der Preissteigerungen. Dies muß letzten Endes zur Hyperinflation führen. Dann aber versagen die Geldwertsicherungsklauseln als privatwirtschaftlicher Schutz, weil sie für die Schuldner unerfüllbar werden. Die Geldwertsicherungsklauseln werden dann für nichtig erklärt werden müssen.

2. Die Argumente für die Zulassung von Geldwertsicherungsklauseln

Demgegenüber wird für die Zulassung von Geldwertsicherungsklauseln angeführt:

1. Es wird eine produktive Verwendung der Kredite erzwungen.

Geldwertsicherungsklauseln erzwingen eine Verwendung des aufgenommenen Kredits nur für rentable Investitionen, weil ein Ertrag erzielt werden muß, der eine Verzinsung und Rückzahlung der wertgesicherten Kredite ermöglicht. Die Nachfrage nach Kredit zur Finanzierung von Sachwerthorten und Konsumausgaben wird tendenziell zurückgedrängt. Für Investitionen steht ein größeres Angebot an Kredit zur Verfügung, womit tendenziell eine vergrößerte Kapitalbildung erreicht werden kann. Das

„Es gibt also noch eine weitere Frage neben der Frage nach den Formen und der Geltung von Wertsicherungsklauseln. Diese Fragen können wir vielleicht bezeichnen als die Frage nach der Wertbeständigkeit der Wertbeständigkeitsklauseln selbst. Praktisch gesehen steht also die Sache so, daß in ganz großen Geldentwertungsperioden sich die Wertsicherungsklauseln aller Art letzten Endes durch ihre Unerfüllbarkeit allein ad absurdum zu führen pflegen, wobei meist der Staat durch Eingriff in die Gesetzgebung und Rechtsprechung diesem Umstand entsprechend Rechnung zu tragen pflegt. In Perioden relativ stabilen gesicherten Geldwertes wieder wird der Wunsch nach einer Wertsicherungsklausel stark in den Hintergrund treten und die Anwendung solcher Wertsicherungsklauseln praktisch weitgehend ihre Bedeutung verlieren. Es bleibt somit für die praktische Anwendbarkeit der Wertsicherungsklauseln nur eine solche Periode übrig, in der es sich um den Ausgleich zwar gewiß vorhandener, aber einigermaßen ‚ausgependelter' Wertschwankungen des Geldes handelt, in denen juristische Rechtmäßigkeit und ökonomische Möglichkeit der Erfüllung mehr oder weniger zusammenfallen."

Angebot an Kredit bleibt erhalten, weil wertgesicherte Kredite den Sparern eine Alternative zur Flucht in die Sachwerte bieten[25].

2. Die Zinsdifferenz zwischen wertgesicherten und nichtwertgesicherten Krediten macht die allgemein erwarteten Änderungen des Tauschwertes des Geldes sichtbar.

Bestehen wertgesicherte Kredite und nichtwertgesicherte Kredite nebeneinander, so wird sich am Markte eine Zinsdifferenz zwischen diesen beiden Anlageformen herausbilden. Aus dieser Zinsdifferenz könnte man die allgemein erwarteten Änderungen des Tauschwertes des Geldes ablesen. Übertriebene Erwartungen von Preissteigerungen könnten durch das Sichtbarwerden der allgemeinen Erwartungen korrigiert werden[26].

[25] Vgl. Karl Muhs, Wertbeständige Kapitalanlagen. In: Jahrb. f. Nationalökonomie und Statistik, 120. Bd. 1923, S. 391:
„Dieser Umstand erfordert, daß der Kredit in derart positiver Weise angelegt wird, daß durch seine Verwendung ein Ertrag erzielt wird, der sich realiter der Veränderung des Geldwertes ständig anpaßt. Wertbeständige Anleihen können darum nur der Förderung volkswirtschaftlich gesunder Kapitalbildung, der Vermehrung des Produktionskapitals dienen."
Vgl. ferner Axel von Gadolin, Die Kapitalmärkte der nordischen Inflationsländer. In: Zeitschr. f. d. ges. Kreditwesen, 11. Jg. 1958, S. 884:
„An diese Realobligationen knüpft man eine Reihe theoretischer Vorteile. Erstens, so meint man, würden diese dazu beitragen, die Flucht in die Realwerte — eine Erscheinung, die die Preise der Sachobjekte in den großen Inflationsländern weit über die Ertragserwartungen hinaustreibt — zu begrenzen oder gar zu verhindern."

[26] Vgl. Axel von Gadolin, a. a. O., S. 884:
„Zweitens würde der Doppelmarkt ausgleichend wirken, indem die Ex-Ante-Schätzungen der Obligationskäufer einen Einfluß auf Inflation und Preisgestaltung haben würden. Reicht dieser Einfluß nicht aus, soll die Zentralbank durch Käufe und Verkäufe auf dem doppelten Obligationsmarkt eingreifen."
Ferner Tord Palander, Appendix zur Wertbeständigkeit, ein Problem bei Sparen, Lebensversicherung und Pensionen (in Schwedisch). Uppsala 1957. S. 210, 193, zitiert nach: Guy Arvidsson, Betrachtungen über indexgebundene Anleihen. In: Skandinaviska Banken, Jg. 40, Nr. 1, Januar 1959, S. 6:
„Wie der Unterschied zwischen Zinsen auf dem Geld- und dem Realkreditmarkt von den Erwartungen in bezug auf die Entwicklung des Preisniveaus abhängt, darf man auch damit rechnen, daß die auf dem Markt entstehende Differenz dieser Art von der Allgemeinheit als ein Indiz dafür aufgefaßt wird, welche Preisniveauveränderungen in einem bestimmten Augenblick als mehr oder weniger wahrscheinlich angesehen werden können. ... Eine Zinsdifferenz auf dem Markte trägt selbst dazu bei, die Erwartungen in bezug auf Preisänderungen, von denen man glaubt, daß der Markt ihnen Ausdruck verleiht, zu verstärken."

3. Das Interesse an einer Fortsetzung der Inflation geht verloren.

Können die Schuldner wegen der Geldwertsicherungsklauseln keine Gewinne mehr aus einer Inflation erhoffen, so geht auch das Interesse an der Fortsetzung der Inflation verloren. Eine Stabilisierungspolitik würde dann auf geringeren Widerstand der Interessentengruppen stoßen[27]. Eine Stabilisierung ist auch dadurch nicht behindert, daß die Schuldner eine antizipierte, aber nicht eintretende Geldentwertung mit erhöhtem Zins zu bezahlen haben. Geldwertsicherungsklauseln verhindern diese Verluste für die Schuldner bei einer Stabilisierung[28].

4. Der Realzins wird sichtbar.

Durch die Geldwertsicherungsklauseln wird der Realzins sichtbar gemacht, d. h. der Zins, der für wertgesicherte Anleihen zu bezahlen ist, enthält keinen Aufschlag für erwartete Tauschwertänderungen des Geldes. Dadurch wird auch den Gläubigern nichtwertgesicherter Kredite vor Augen geführt, daß sie im Zins einen Teil oder die gesamte Entwertung ihrer Kredite vergütet erhalten. Die Klagen über hohe Inflationsverluste würden dadurch eingedämmt[29].

Ähnlich überspitzt formuliert wie die Gegenargumente könnte man die

[27] Vgl. Arvidsson, a. a. O., S. 7:
„Außerdem ist es denkbar, daß gerade das Vorkommen indexgebundener Anleihen die Stabilisierung des Geldwertes — über den hier behandelten Effekt auf die Preiserwartungen hinaus — dadurch erleichtert, daß auf Grund der Wirkungen auf Sparen und Investieren eine konsequente Stabilisierungspolitik, beispielsweise in bezug auf die Einkommensverteilung, akzeptabler wird, als es in einem System mit ausschließlich Geldanleihen möglich gewesen wäre."

[28] Vgl. Ernst Stergar, Geldwertrisiko und Invenstitionsanleihen. In: Österreichisches Bankarchiv, 6. Jg. 1958, Heft I, S. 24.

[29] Vgl. Arvidsson, a. a. O., S. 16:
„Man kann es entschieden weniger willkürlich finden, wenn man als unrechtmäßige Verluste rechnet, was die Sparer bei einer Inflation verloren haben, die zu verhindern sich der Staat verpflichtet hat; diese Rechenweise kann nämlich auf allgemein gutgeheißene Prinzipien dafür zurückgeführt werden, wie eine gute Volkswirtschaft fungieren soll. Wenn es somit keine objektive Norm dafür gibt, wie hoch die realen Erträgnisse des Sparens — beispielsweise in der Definition einer bestimmten Kombination von Zinsen für Geldanleihen und Geldwert — sein sollten, sind wir uns wohl alle darüber einig, daß wir realistische Erwartungen hierüber möglichst lange als etwas Gutes rechnen müssen und daß die staatlichen Verpflichtungen in dieser Hinsicht möglichst lange erfüllt sein sollen."

Argumente für die Zulassung von Geldwertsicherungsklauseln so zusammenfassen:

Es ist nicht so, daß durch die Geldwertsicherungsklauseln das Vertrauen in die Stabilität der Währung verlorengeht, denn das Verlangen nach Geldwertsicherungsklauseln zeigt an, daß das Vertrauen in die Stabilität der Währung bereits verloren ist. Durch Geldwertsicherungsklauseln würde der Realzins sichtbar werden, was im Gegenteil günstige Auswirkungen haben wird. Die Gläubiger sehen, daß sie an der Inflation nicht so viel verlieren, wie sie bisher glaubten, während die Schuldner sehen, daß sie nicht so viel gewinnen, wie sie bisher glaubten. Dadurch bleibt dem Kapitalmarkt Kreditangebot erhalten, was andernfalls zur Flucht in die Sachwerte verwendet worden wäre. Aus diesen Gründen könnte man auch nicht davon sprechen, daß durch die Geldwertsicherungsklauseln die Inflation beschleunigt werden könnte, also aus einer mäßigen Tauschwertminderung des Geldes eine Hyperinflation werden müßte.

Indem durch die Geldwertsicherungsklauseln allen kar gezeigt wird, daß sie aus einer Fortsetzung der Inflation nichts zu gewinnen haben, werden die Widerstände gegen eine Stabilisierungspolitik vermindert, da andererseits von den Schuldnern bei einer Stabilisierung auch keine Verluste durch den hohen Zins der bereits laufenden Kredite zu erwarten sind.

Das zentrale Problem der Geldwertsicherungsklauseln ist doch offenbar das, ob diese Klauseln Inflationsvorgänge induzieren bzw. beschleunigen können oder nicht. Weiter scheint die Frage wichtig zu sein, ob nicht die entscheidenden Wirkungen der Geldwertsicherungsklauseln von dem Sichtbarwerden des Realzinses ausgehen können.

III. Die Wirkungen der Wertsicherung von Krediten auf Schuldner und Gläubiger

1. Sind die Schuldner wertgesicherter Kredite höher belastet als die nichtwertgesicherter Kredite?

Sieht man die wertgesicherten Kredite isoliert, so zeigt sich, daß bei einem Preisanstieg des Wertmaßstabes der Schuldner dem Gläubiger als Kreditrückzahlung an Geldeinheiten mehr zurückzahlen muß, als er seinerzeit als Kredit erhalten hat. Der Schuldner muß ein *Aufgeld* leisten.

Fällt der Preis des Wertmaßstabes, so erhält der Gläubiger als Kreditrückzahlung an Geldeinheiten weniger zurück, als er hingegeben hat. Der Schuldner behält einen *Abzug* ein. Die Höhe dieser Aufgelder und Abzüge hängt dabei von den Preisänderungen des Wertmaßstabes der Geldwertsicherungsklauseln ab.

Kann man aus diesen zu zahlenden Aufgeldern bzw. einzubehaltenden Abzügen schließen, daß die Schuldner wertgesicherter Kredite mehr oder weniger zahlen müssen als die Schuldner vergleichbarer nichtwertgesicherter Kredite und entsprechend die Gläubiger mehr oder weniger bekommen?

Werden wertgesicherte und nichtwertgesicherte Kredite nebeneinander gehandelt, so hat jeder Anbieter und jeder Nachfrager die Wahl zwischen diesen beiden Kreditformen. Es soll vorerst angenommen werden, daß alle Geldwertsicherungsklauseln den gleichen Wertmaßstab erhalten.

Jeder Nachfrager und jeder Anbieter von Kredit wird ex ante die für ihn günstigste Kreditform wählen wollen. Haben alle Wirtschaftssubjekte die *gleichen* Erwartungen hinsichtlich zukünftiger Preisänderungen des Wertmaßstabes, so wird am Markte zwischen den wertgesicherten und nichtwertgesicherten Krediten eine Zinsdifferenz entstehen, die ex ante beide Kreditformen als gleich günstig erscheinen läßt. Die Erwartungen von Preisänderungen des Wertmaßstabes sind an dieser Zinsdifferenz ablesbar. Bei den nichtwertgesicherten Krediten „würde also, um für jedes Prozent der"; erwarteten (K. L.) „Steigerung oder Entwertung einen Ausgleich zu haben, ein Punkt vom Zinsfuß abgezogen oder ihm zugezählt werden, d. h. ein Zinsfuß von 5 % würde entweder 4 % oder 6 %[30]."

[30] Irving Fisher, Die Zinstheorie, a. a. O., S. 34.

Während bei den nichtwertgesicherten Krediten der Ausgleich für eine eintretende Preisänderung des Wertmaßstabes über einen höheren Zinsfuß erfolgt, ist bei den wertgesicherten Krediten vom Schuldner ein Aufgeld zu zahlen. Bei zutreffender Antizipation der zukünftigen Preisänderung des Wertmaßstabes unterscheiden sich beide Kreditformen dann nur durch den Zeitpunkt, an dem die gesunkene Kaufkraft des ursprünglichen Kreditbetrages durch den Schuldner ausgeglichen werden muß.

Insgesamt gesehen ist es nicht so, „daß die vertragschließenden Parteien" (auch ohne Geldwertsicherungsklauseln) „machtlos gegen Gewinne oder Verluste sind, die durch eine Auf- oder Abwärtsbewegung des Geldwertes entstehen, wenn diese Bewegung vorauszusehen war[31]." Läßt man die Annahme fallen, daß alle Wirtschaftssubjekte die gleichen Erwartungen hinsichtlich zukünftiger Preisänderungen des Wertmaßstabes haben, so bildet sich ebenfalls eine Zinsdifferenz, die nun allerdings nur die allgemeinen Erwartungen sichtbar werden läßt[32]. Mit Rücksicht auf die individuellen Erwartungen wird dann eine Kreditfrom günstiger als die andere. Erwartet jemand eine größere Preisänderung des Wertmaßstabes der Geldwertsicherungsklauseln, als die Zinsdifferenz ausgleichen könnte, wird er sich als Anbieter für einen wertgesicherten Kredit und als Nachfrager für einen nichtwertgesicherten Kredit entscheiden. Erwartet jemand eine geringere Preisänderung des Wertmaßstabes, als im Zins antizipiert wird, wird er als Nachfrager eine Geldwertsicherungsklausel und als Anbieter einen nichtwertgesicherten Kredit bevorzugen.

Daß die allgemeinen Erwartungen dennoch in der Zinsdifferenz zum Ausdruck kommen, wird dadurch bewirkt, daß die abweichenden Erwartungen durch Bevorzugung der einen oder anderen Kreditform auf diese Zinsdifferenz einwirken; ferner wird diese Zinsdifferenz als Ausdruck der allgemeinen Erwartungen die individuellen Erwartungen beeinflussen.

Solange also die Preisänderung des Wertmaßstabes zutreffend antizipiert ist, kann es durch die Geldwertsicherungsklauseln im Vergleich zu den nichtwertgesicherten Krediten trotz fällig werdender Aufgelder oder Abzüge zu keinen Mehr- oder Minderbelastungen der Schuldner wertgesicherter Kredite kommen.

Die Mehr- oder Minderbelastungen durch Geldwertsicherungsklauseln können ferner nicht sehr erheblich sein, wenn die Preisänderungen des Wertmaßstabes um einen geradlinigen Trend schwanken und dieser

[31] Irving Fisher, Die Zinstheorie, a. a. O., S. 32.
[32] Vgl. Guy Arvidsson, a. a. O., S. 1—11.

Trend in der Zinsdifferenz zwischen den nichtwertgesicherten und den wertgesicherten Krediten antizipiert ist.

Wie zu zeigen versucht wurde, sind Mehr- oder Minderbelastungen der Schuldner und entsprechend veränderte Einnahmen der Gläubiger durch Geldwertsicherungsklauseln im Vergleich zu den nichtwertgesicherten Krediten nicht notwendig.

Für die Antizipation von Preisänderungen des Wertmaßstabes für längere Fristen dürfte es an Anhaltspunkten fehlen. Aber die Zinsdifferenz zwischen wertgesicherten und nichtwertgesicherten Krediten für kürzere Fristen zeigt die Erwartungen von Preisänderungen des Wertmaßstabes für diese Fristen. Mit dem Zins für wertgesicherte Kredite für diese Fristen ist daher der jeweilige Realzins bekannt.

Es ist wahrscheinlich, daß langfristige Kredite nur als wertgesicherte Kredite zu diesem Realzins gehandelt werden. Bei einem nichtwertgesicherten Kredit für eine längere Frist müßte der Anbieter einen sehr hohen Zins verlangen, um sich möglichst weitgehend gegen Tauschwertminderungen des Geldes zu sichern; der Nachfrager dagegen kann diesen Zins nicht akzeptieren, weil er sich dann mit dem Risiko belastet, daß die im Zins antizipierten Tauschwertminderungen des Geldes nicht eintreten oder unter Umständen sogar eine Tauschwertsteigerung des Geldes möglich ist. Durch eine Geldwertsicherungsklausel werden diese nicht überschaubaren Risiken für beide Parteien ausgeschaltet. Für längere Fristen sind daher ausschließlich wertgesicherte Kredite wahrscheinlich.

Eine zutreffende Antizipation von Preisänderungen ist unwahrscheinlich bei einer sich beschleunigenden Preisänderung des Wertmaßstabes, was für eine Hyperinflation charakteristisch ist, und bei unerwarteter Trendänderung, die zu verzeichnen ist, wenn nach längerer Zeit mit Inflation eine Stabilisierung oder gar eine Deflation zu beobachten ist.

Solange die Hyperinflation in dem nachher eintretenden Ausmaß vor oder in den Anfangsstadien der Inflation nicht erwartet wird, wird im Zins für nichtwertgesicherte Kredite keine oder nur eine relativ geringe Tauschwertminderung des Geldes antizipiert. Kommt es dann zur Hyperinflation, so ist dieser Zins zu gering, um die Gläubiger der nichtwertgesicherten Kredite für den Kaufkraftverlust der verliehenen Geldsumme zu entschädigen. Die wertgesicherten Kredite dagegen verpflichten die Schuldner zu einem Aufgeld, daß diesen Kaufkraftverlust, abhängig vom gewählten Wertmaßstab, mehr oder weniger ausgleicht.

Es könnte eingewendet werden, daß die Wahl eines Wertmaßstabes, der erhebliche Preisschwankungen aufweist, doch ebenfalls nennenswerte

Mehr- oder Minderbelastungen der Schuldner wertgesicherter Kredite herbeiführen könnte.

Für einen wertgesicherten Kredit mit dem Wertmaßstab Gold, der im Jahre 1958 in der Bundesrepublik gegeben wäre, hätte der Gläubiger 1961 einen um den Aufwertungsbetrag von 4,762 % gekürzten Nominalbetrag zurückerhalten, obwohl nach Angaben des Statistischen Bundesamtes in dieser Zeit der Preisindex für die Lebenshaltung einer mittleren Verbrauchergruppe von 100 im Durchschnitt des Jahres 1958 auf 104,9 im Mai 1961 gestiegen ist[33].

Grundsätzliche Einwände gegen oder für die Zulassung von Geldwertsicherungsklauseln wegen der Wahl ungeeigneter Wertmaßstäbe träfen nicht das Wesentliche. Befürchtet man wegen der Wahl ungeeigneter Wertmaßstäbe ungünstige Wirkungen der Geldwertsicherungsklauseln, sollte man nicht die Geldwertsicherungsklauseln als solche verbieten, sondern eben die Wahl dieser ungeeigneten Wertmaßstäbe.

2. Unterschiedliche Verteilung der Zahlungen im Zeitablauf gegenüber den nichtwertgesicherten Krediten

Sind mit den im vorigen Abschnitt behandelten möglichen höheren oder geringeren Zahlungen im Vergleich zu den nichtwertgesicherten Krediten die Wirkungen der Geldwertsicherungsklauseln auf Schuldner und Gläubiger erschöpft? Eine Veränderung der zeitlichen Verteilung dieser Zahlungen, so könnte man annehmen, kann doch keine wesentliche Rolle spielen, wenn nur insgesamt vom Schuldner nicht mehr oder weniger zu zahlen ist.

Eliminiert man alle anderen Einflüsse durch die Voraussetzung, daß bei einer zutreffenden Antizipation einer gleichmäßigen Geldentwertung beide Kreditformen für die Schuldner insgesamt gleichhohe Zahlungen für Zins und Kreditrückzahlung erfordern, so ist die zeitliche Verschiebung am klarsten zu erkennen. Dies sollen zwei Beispielrechnungen zeigen:

Beispiel 1:

Im Jahre 0 werden ein wertgesicherter und ein nichtwertgesicherter Kredit von je 1000,— DM gegeben, die nach 10 Jahren zurückgezahlt werden sollen.

Bei einer jährlichen Preissteigerung des Wertmaßstabes von 4 % betrage der Zins für den nichtwertgesicherten Kredit 8 %, für den wertgesicherten 4 %.

[33] Vgl. Wirtschaft und Statistik, Jg. 1961, Heft 6, S. 338.

Da bei einer Geldentwertung Mark nicht gleich Mark ist, soll im folgenden durch einen Index bei jeder Geldsumme angegeben werden, welchem Preisniveau sie entstammt. Gegeben wurde ein Kredit von 1000,— DM_0, d. h. 1000,— DM aus dem Preisniveau des Jahres 0. Die Zinszahlungen stammen aus den Preisniveaus der folgenden Jahre, beim nichtwertgesicherten Kredit also 80,— DM_1, 80,— DM_2, 80,— DM_3 usw. Ist die Belastung der Schuldner bei beiden Kreditformen zeitlich unterschiedlich, müssen bei einem Vergleich alle Zahlungen auf das gleiche Preisniveau bezogen werden, hier auf das des Jahres 0. In der Abbildung 2 sind die kumulierten Zahlungen für beide Kredite aufgetragen.

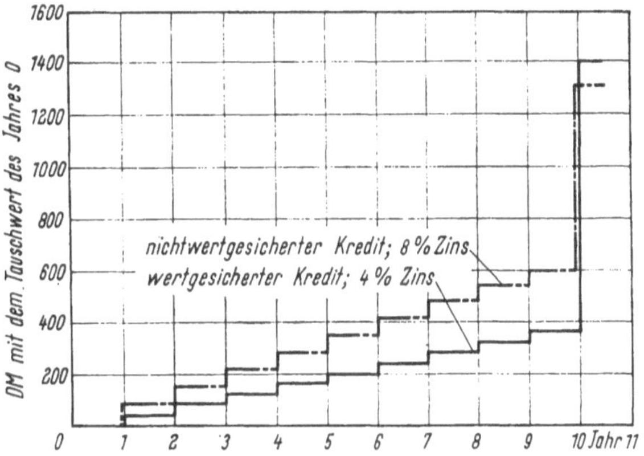

Abb. 2
Vergleich der kumulierten Zahlungen für einen Kredit von DM_0 1000,— bei jährlicher Tauschwertminderung des Geldes von 4 %.

Es ist deutlich zu sehen, wie die *kumulierten* Zahlungen für den nichtwertgesicherten Kredit zu 8 % bis zum Ende des Jahres 9 höher sind als die für den wertgesicherten Kredit. Der Schuldner des nichtwertgesicherten Kredit hat jeweils 8 % Zins von einer gleichbleibenden Nominalschuld zu zahlen, deren Kaufkraft im Laufe der Inflation sinkt. Der Schuldner des wertgesicherten Kredits zahlt dagegen im ersten Jahr nur 4 % von der gleichen Nominalschuld. Im Laufe der Inflation wird diese Nominalschuld entsprechend der Tauschwertminderung des Geldes aufgewertet. Am Ende des Jahres 10 hat der Schuldner des wertgesicherten Kredits dann neben dem Zins und der ursprünglichen Nominalschuld das Aufgeld zu zahlen, wodurch der zeitweise Vorsprung der kumulierten Zahlungen für den nichtwertgesicherten Kredit wettgemacht wird[34].

Die Umrechnung der kumulierten Zahlungen auf einen unveränderten Tauschwert des Geldes, nämlich den Tauschwert des Jahres 0, erlaubt den Vergleich mit der zeitlichen Verteilung der kumulierten Zahlungen für einen entsprechenden Kredit in einer Volkswirtschaft ohne Inflation. Die kumulierten Zahlungen für den wertgesicherten Kredit — im Jahre 1 40,— DM_0, im Jahre 280,— DM_0 usw. — entsprechen genau den Zahlungen, die auch ohne Inflation zu leisten wären. Die zeitliche Verteilung der Zahlungen für den wertgesicherten Kredit entspricht demnach auch dem Normalzustand.

Bei einem Ausgleich über einen höheren Zins sind nominell gleichbleibende Zahlungen zu leisten, deren Kaufkraft aber im Laufe der Inflation abnimmt. Soll die Tauschwertminderung ausgeglichen werden, muß anfangs — in gleichbleibender Kaufkraft gerechnet — mehr gezahlt werden, d. h. güterwirtschaftlich gerechnet ist in den Zinszahlungen ein Anteil aus der Bestandsgröße in Form verschleierter Kreditrückzahlungen enthalten.

Beispiel 2:

Für einen Kredit im Jahre 0 von 100 000,— DM_0 soll für die Dauer von 20 Jahren eine Rente gezahlt werden. Bei einer Änderung des Preises des Wertmaßstabes von 4 % im Jahr soll der Zins für nichtwertgesicherte Kredite 5 % im Jahr betragen. Bei einer zutreffenden Antizipation der Preissteigerung des Wertmaßstabes ist der Zins für wertgesicherte Kredite 5—4 = 1 %. Rechnet man die jährlichen Rentenzahlungen wieder auf die Kaufkraft des Jahres 0 um, so ergibt sich der in der Abbildung 3 aufgezeichnete Verlauf.

Hier wird noch deutlicher sichtbar, daß die nichtwertgesicherten Kredite die Schuldner, in Kaufkraft des Jahres 0 gerechnet, zeitlich ungleich belasten. Die Zahlungen für den wertgesicherten Kredit sind in DM_0 gerechnet wieder den Zahlungen für einen einprozentigen Kredit ohne Änderung des äußeren Tauschwertes des Geldes gleich. Für die nichtwert-

34 Der Gläubiger des nichtwertgesicherten Kredits kann durch Wiederausleihen der Einnahmendifferenz — im Vergleich zu den Einnahmen des Gläubigers des wertgesicherten Kredits — in den Jahren 1—9 zusätzliche Zinseinnahmen beziehen. Wollte man die Lage der Schuldner und Gläubiger vergleichen, wäre dies zu berücksichtigen. Der Endbetrag für den nichtwertgesicherten Kredit im Beispiel zeigt nur die Zahlungen des ersten Schuldners und bleibt daher geringer als der für den wertgesicherten Kredit.

gesicherten Kredite ist in Kaufkraft in den ersten Jahren erheblich mehr zu zahlen, was durch weit geringere Zahlungen für das Ende der Laufzeit ausgeglichen wird.

Gibt es noch andere Möglichkeiten als Geldwertsicherungsklauseln, die zeitliche Verteilung der Zahlungen dem Verlauf bei stabilem äußerem Tauschwert des Geldes anzupassen? Durch Geldwertsicherungsklauseln wird die Nominalsumme des Kredits den Veränderungen des Preisniveaus angepaßt. Güterwirtschaftlich gesehen bleibt die Schuld unverändert. Der Preis des Kredits, als Relation zur geschuldeten Summe, bleibt ebenfalls unverändert.

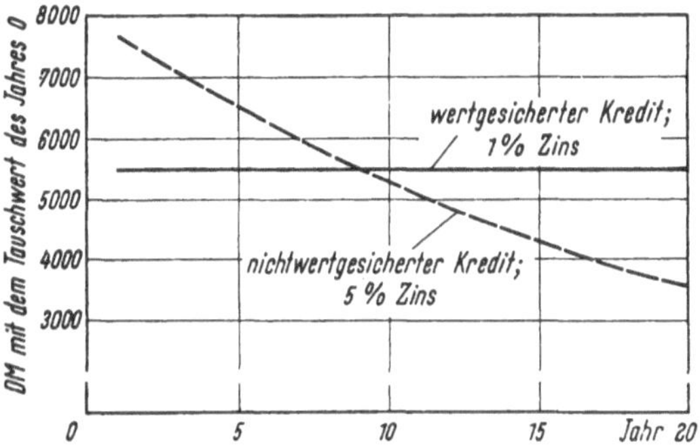

Abb. 3.
Vergleich der jährlichen Rentenzahlungen aus einem Kredit von DM_0 100.000,— umgerechnet auf den Tauschwert des Geldes im Jahre 0. Rentenzahldauer 20 Jahre bei jährlicher Tauschwertminderung des Geldes um 4%.

Bei den nichtwertgesicherten Krediten bleibt dagegen die Nominalsumme unverändert, güterwirtschaftlich gesehen ermäßigt sich aber die Schuld bei einem Sinken des äußeren Tauschwertes des Geldes.

Waren die Kontrahenten des Kreditvertrages übereingekommen, daß ein Kredit von 1000,— DM_0 für die Dauer von 10 Jahren überlassen werden soll, so würde ein Ausgleich des Absinkens des äußeren Tauschwertes des Geldes über einen beweglichen Zins diesem Willen der Parteien nicht gerecht werden.

Der Ausgleich der Änderung des äußeren Tauschwertes des Geldes durch einen entsprechend der erwarteten oder tatsächlichen Änderung variierten Aufschlag auf den Realzins bedeutet bereits eine Tilgung des Kredits bei

einem Sinken des äußeren Tauschwertes bzw. eine Erhöhung des realen Kredits bei einem Steigen des äußeren Tauschwertes des Geldes.
Die Veränderung des Aufschlages auf den Realzins führt daher immer zu einer anderen zeitlichen Verteilung der Zahlungen, welche Konstruktionen dafür auch gewählt werden.
Da keine weiteren Daten, außer dem Kredit selbst und dessen Preis, zur Verfügung stehen, gibt es keine weiteren Möglichkeiten eines Ausgleichs von Änderungen des äußeren Tauschwertes des Geldes, die nicht auf die eben beschriebenen beiden Grundformen zurückgeführt werden könnten.

IV. Das Problem des Wertmaßstabes

1. Die üblichen Wertmaßstäbe für Geldwertsicherungsklauseln

Es ist naheliegend, daß die Kontrahenten eines wertgesicherten Kreditvertrages beim Aushandeln des Wertmaßstabes von ihren individuellen Planungen ausgehen werden. Der Anbieter des Kredits wird versuchen, eine Kombination derjenigen Güter als Wertmaßstab der Geldwertsicherungsklauseln zu erhalten, die er bei Rückzahlung des Kredits zu begehren gedenkt. Soll die zurückzuzahlende Summe zur Altersversorgung dienen, könnte er zum Beispiel das dem Lebenshaltungskostenindex zugrunde liegende Warenbündel als Wertmaßstab anstreben; möchte er damit ein Eigenheim bauen, käme das dem Baukostenindex zugrunde liegende Warenbündel in Frage usw. Der Nachfrager eines Kredits dagegen muß zum späteren Zeitpunkt zurückzahlen und ist daran interessiert, einen Zusammenhang zwischen seinen Nominaleinnahmen und der zurückzuzahlenden Summe herzustellen. Ein Stahlproduzent könnte zum Beispiel Stahl bestimmter Güte als Wertmaßstab vorschlagen, ein Bauer seine Erzeugnisse, etwa Weizen, ein Arbeiter, der einen Konsumkredit aufnimmt, eine Arbeitsleistung bestimmter Qualifikation.

Die Kontrahenten werden dabei in Konflikt geraten, weil es nicht sehr wahrscheinlich ist, daß die von Anbieter und Nachfrager von Kredit angestrebten Wertmaßstäbe identisch sind. Ein Kompromiß kann dadurch zustande kommen, daß entweder eine Seite nachgibt und der Wertmaßstab nach den Vorstellungen der anderen festgelegt wird oder keiner der Kontrahenten mit seinem Vorschlag zum Zuge kommt und man sich auf einen anderen Wertmaßstab einigt.

Handelt es sich nur um ein Gut, das als Wertmaßstab dienen soll, so müßte dieses Gut eine gleichmäßige Preisentwicklung ohne größere Schwankungen aufweisen. Günstig wäre es, wenn für dieses Gut ein möglichst breiter Markt vorhanden ist, im Idealfall der Weltmarkt, so daß örtliche Schwankungen der Nachfrage oder des Angebots nur zu geringen Preisänderungen führen. „Als Maßstab der Wertbeständigkeit ist daher eine Ware aus der Sphäre des Großhandels mit einem möglichst breiten Markte und relativer Stetigkeit der Preisbildung zu wählen[35]."

[35] Karl Muhs, a. a. O., S. 388—391.

Welcher Wertmaßstab zur Geldwertsicherung im Einzelfall ausgehandelt wird, ist eine Tatfrage[36]. Zum Beispiel waren von 205 bis Ende 1923 in Deutschland ausgegebenen wertgesicherten Anleihen nach der Anleihesumme gerechnet etwa 90 % mit dem Wertmaßstab Gold oder Devisen ausgestattet, 10 % mit verschiedenen Gütern, insbesondere Roggen[37]. In Finnland diente im Jahre 1957 vorzugsweise das Warenbündel des Lebenshaltungskostenindex bzw. des Großhandelsindex als Wertmaßstab[38]. In Frankreich wurden nach dem Zweiten Weltkrieg ebenfalls wertgesicherte Anleihen emittiert. Als Wertmaßstab dienten u. a. Gold, elektrischer Strom und Warenbündel von Indices verschiedener Art[39]. In den USA waren im Jahre 1933 Geldwertsicherungsklauseln zur Kreditsicherung mit dem Wertmaßstab Gold so weit verbreitet, „daß im Falle ihrer Beachtung nach zuverlässigen Schätzungen mehr als 170 Milliarden Dollar aufzuwenden gewesen wären, um Schulden im Nominalbetrag von etwa 100 Milliarden abzudecken.[40]"

Nicht zu übersehen ist die Rolle, die das Gold als Wertmaßstab spielt, weil die Vermutung einer besonders großen Wertbeständigkeit des Goldes sehr verbreitet ist. Diese Vermutung wird durch die tatsächliche Entwicklung allerdings nur ungenügend bestätigt[41]. Das gleiche gilt für viele der übrigen Güter, die bei Geldwertsicherungsklauseln als Wert-

[36] Vgl. Rudolf Stucken, Die wertbeständigen Anleihen in finanzwirtschaftlicher Betrachtung. In: Schriften des Vereins für Sozpol. Bd. 166, 3. Teil, S. 8. München und Leipzig 1924. S. 23—31.

[37] ders., a. a. O., S. 15—16.

[38] Vgl. Axel von Gadolin, Finnland — Inflations- und Index-Schule. In: Zeitschr. f. d. ges. Kreditwesen, 1957. S. 374—376.

[39] Vgl. Salomon Wolff, Die Indexanleihe als Notbehelf. In: Zeitschr. f. d. ges. Kreditwesen, 1957. S. 30—32. Vgl. auch Klaus M. F. Edelmann, Die Wertsicherung der französischen Anleihen. In: Österreichisches Bank-Archiv, 6. Jg. 1958, Heft III, S. 72—80.

[40] Maximilian Spitzl, Wertsicherungsklauseln als Mittel privatwirtschaftlicher Vorsorge. Diss. München 1959. S. 8.

[41] Vgl. Hans Werner Schlag, Aktien als Vermögensanlage. Frankfurt/M. 1959. S. 145, 151, 170.
Im Jahre 1913 erhielt man für 10 000 Goldmark einen Goldbarren mit einem Gewicht von 3 584,2 Gramm. Bei einem Preis von 5,075 DM je Gramm Gold vor der Aufwertung und einer Umrechnung des 1959 erzielbaren Verkaufspreises in DM auf Goldmark entsprechend dem veränderten Lebenshaltungskostenindex errechnet Schlag folgende Werte für diesen Barren

1956	8 201 Goldmark
1957	8 059 Goldmark
1958	7 790 Goldmark.

maßstab gedient haben und noch dienen, zum Beispiel für Roggen. Während der Inflation in Deutschland im Jahre 1923 kostete der Zentner märkischer Roggen umgerechnet auf Goldmark

am 11. Juli 1923	11,95 GM
am 13. August 1923	3,35 GM
im Juli-Durchschnitt	8,69 GM
im August-Durchschnitt	4,92 GM

während der Großhandelsindex, in Goldmark gerechnet, fast unverändert blieb[42].

Eine Geldwertsicherungsklausel an sich verbürgt nicht, wie die Preisschwankungen bei Roggen und der Wertverlust beim Golde zeigen, eine „Wertbeständigkeit" des Kredits. Es kommt auf den Wertmaßstab an, inwieweit die erstrebte „Wertbeständigkeit" erreicht werden kann.

2. Die Illusion des unveränderten äußeren Tauschwertes und der Identität von äußerem und innerem Tauschwert des Geldes

Das Verlangen nach einer Geldwertsicherungsklausel setzt voraus, daß die Illusion des unveränderten äußeren Tauschwertes des Geldes verloren gegangen ist[43]. Die Wirtschaftssubjekte haben erkannt, daß die Kaufkraft der Geldeinheit sich im Laufe der Zeit verändert. Bei einem intertemporalen Wertvergleich stellen sie nicht mehr die Preise einzelner Güter zu verschiedenen Zeitpunkten gegenüber und schließen aus einer Preisdifferenz, daß ein Gut mehr oder weniger wert geworden ist, sondern sie versuchen bei solchen Vergleichen, die Veränderungen des Tauschwertes des Geldes zu eliminieren. Der erste Schritt ist die Eliminierung von Veränderungen des äußeren Tauschwertes des Geldes. Erkennt man, daß die Geldeinheit zu verschiedenen Zeiten unterschiedliche äußere Tauschwerte repräsentiert, so wird man nach einem Wertmaßstab suchen, der diese Schwankungen des äußeren Tauschwertes nicht aufzuweisen hat.

[42] Vgl. Rudolf Stucken, a. a. O., S. 28.

[43] Die „Illusion des Geldes" nach Fisher wird hier Illusion des unveränderten äußeren Tauschwertes des Geldes genannt, weil unterschieden werden soll, ob sich die „Illusion des Geldes" auf einen unveränderten äußeren oder auf die Identität von äußerem und innerem Tauschwert des Geldes bezieht. Ob das eine oder andere gemeint ist, soll aus der Benennung des Begriffs hervorgehen.
Zum Begriff der „Illusion des Geldes" nach Fisher vgl. Irving Fisher, Die Illusion des Geldes. Berlin o. J., S. 1—2.

Das einzelne Wirtschaftssubjekt wird dabei von dem subjektiven Gebrauchswert der Geldeinheit ausgehen.

„Subjektiver Gebrauchswert und subjektiver Tauschwert, bei den Waren zwei verschiedene Begriffe, fallen beim Gelde zusammen. Beide führen auf seinen objektiven Tauschwert zurück. Denn der Nutzen des Geldgebrauchs ist durch die Möglichkeit, im Austausch für das Geld andere wirtschaftliche Güter zu erlangen, erschöpft."[44]

Der subjektive äußere Tauschwert des Geldes hängt von den Preisen derjenigen Güter ab, die ein bestimmtes Wirtschaftssubjekt gerade begehrt. Können ceteris paribus für einen gegebenen Geldbetrag mehr dieser gerade begehrten Güter gekauft werden als zuvor, ist der subjektive äußere Tauschwert des Geldes gestiegen, können weniger gekauft werden, ist der subjektive äußere Tauschwert des Geldes gefallen. Das Wirtschaftssubjekt bemerkt Änderungen seines subjektiven äußeren Tauschwertes des Geldes an den Preisänderungen seines individuellen Preisausschnitts.

„Unter dem objektiven Tauschwert des Geldes ist ... die Möglichkeit zu verstehen, für ein bestimmtes Quantum Geld im Austausch ein bestimmtes Quantum anderer wirtschaftlicher Güter zu erhalten ..."[45]

Fragt nicht mehr ein bestimmtes Wirtschaftssubjekt mit einem bestimmten Geldbetrag nach, sondern ein isoliert gedachtes Geldquantum, so ist vorerst unbestimmt, welche Güter nachgefragt werden.

Eigentlich müßten alle am Markt angebotenen Güter für die Bestimmung von Änderungen des objektiven äußeren Tauschwertes des Geldes herangezogen werden. Es wäre dazu ein Preisindex zu bilden, in den alle Güter eingehen. Der Unterschied zum subjektiven äußeren Tauschwert des Geldes besteht dann darin, daß nicht mehr ein Preisausschnitt, sondern alle Preise für die Bestimmung von Veränderungen des objektiven äußeren Tauschwertes des Geldes herangezogen werden.

Wenn nun die Preise die Knappheit von Gütern anzeigen, so bedeutet

[44] Ludwig Mises, Theorie des Geldes und der Umlaufsmittel. München und Leipzig[2] 1924. S. 73—74.
Mises unterscheidet beim äußeren Tauschwert den subjektiven vom objektiven äußeren Tauschwert des Geldes.

[45] Ludwig Mises, a. a. O., S. 78.
Fisher nennt den objektiven äußeren Tauschwert des Geldes „Kaufkraft des Geldes" und definiert: „Die Kaufkraft des Geldes wird durch die Quantitäten anderer Güter bestimmt, die eine gegebene Geldquantität zu kaufen vermag" ... „kurz, die Kaufkraft des Geldes ist das Gegenstück (reciprocal) des Preisniveaus." Irving Fisher, Die Kaufkraft des Geldes. Berlin und Leipzig 1922. S. 11.

diese Knappheit die Begrenztheit des Güterangebots gegenüber den Bedürfnissen der Wirtschaftssubjekte. Ein isoliertes Geldquantum, als Objekt, hat keine Bedürfnisse, so daß es gegenüber einem Geldquantum keine Knappheit von Gütern geben kann. Die Angabe, der Preis eines Warenkorbes betrug im Jahre 1923 350 Millionen RM, vermittelt keine Vorstellung von dessen Knappheit, solange man nicht weiß, wie hoch das durchschnittliche Einkommen zu dieser Zeit war. Ebenso ist ein Vergleich des äußeren objektiven Tauschwertes des Geldes zwischen den Jahren 1923 und 1961 ohne einen entsprechenden Vergleich der durchschnittlichen Höhe der Nominaleinkommen von geringer Aussagekraft über die Knappheit der Güter.

Liegt allen Preisindices „der Gedanke einer Messung des Nutzens einer bestimmten Geldmenge zugrunde"[46], so kann es sich beim objektiven äußeren Tauschwert nur um den Nutzen eines fiktiven Wirtschaftssubjektes handeln, dessen individueller Preisausschnitt eben alle Güter in eben den Mengenverhältnissen enthält, wie sie in die Errechnung des Preisindex eingegangen sind.

Ein Lebenshaltungskostenindex beispielsweise würde dann Veränderungen des subjektiven Tauschwertes des Geldes für einen fiktiven Durchschnittskonsumenten anzeigen, wobei vorausgesetzt ist, daß sich weder die Bedürfnisse noch das Nominaleinkommen dieses fiktiven Wirtschaftssubjektes verändert haben.

Preisänderungen von Gütern in den konsumferneren Produktionsstufen werden sich letztlich auch in Preisänderungen der Konsumgüter auswirken. Für eine „Objektivierung" der subjektiven äußeren Tauschwerte des Geldes, die bei jedem Wirtschaftssubjekt verschieden sein dürften, bietet sich daher der Preisausschnitt des Durchschnittskonsumenten an. Es bedarf dazu nicht eines Preisindex, der die Güter aller Produktionsstufen erfaßt.

Steigt bei einem so definierten unveränderten äußeren Tauschwert des Geldes das durchschnittliche Nominaleinkommen, also auch das Nominaleinkommen des fiktiven Durchschnittskonsumenten, so würde ceteris paribus der Nutzen der einzelnen Geldeinheit nach dem ersten Gossen'schen Gesetz abnehmen[47]. Sein Realeinkommen wäre ebenfalls gestiegen;

[46] Ludwig Mises, a. a. O., S. 176.
Vgl. auch Gottfried Haberler, Der Sinn der Indexzahlen. Tübingen 1927. S. 117 bis 120.

[47] Vgl. dazu Friedrich von Wieser, Theorie der gesellschaftlichen Wirtschaft. Tübingen [2]1924. S. 201—202 und 207—208.

er könnte sich eine größere Gütermenge kaufen; die mit der letzten Geldeinheit erworbenen Güter verschafften ihm nur noch einen geringeren Nutzen, als dies vorher bei dem niedrigeren Nominaleinkommen der Fall war.

In der Bundesrepublik Deutschland wäre demnach der Nutzen einer Geldeinheit nicht allein deshalb gesunken, weil seit der Währungsreform der Lebenshaltungskostenindex gestiegen ist, sondern auch weil das durchschnittliche Nominaleinkommen sich erhöht hat. Jeder weiß aus eigener Erfahrung, daß es ihm im Jahre 1950 weit schwerer gefallen wäre, 1000,— DM zu sparen, als dies im Jahre 1961 der Fall war. Ganz sicher drückt die Veränderung des Preisindex für die Lebenshaltung von 1950 = 100 auf 1961 = 123,6[48] nicht die Veränderung des Sparopfers aus, das ein Konsumaufschub im Gegenwert von 1000,— DM für das Jahr 1950 im Vergleich zu dem für das Jahr 1961 bedeutet hat, abgesehen davon, daß der äußere Tauschwert des gesparten Betrages gesunken ist. Ein exakter Vergleich ist natürlich unmöglich, nicht zuletzt deshalb, weil im Jahre 1950 noch ein erheblicher Nachholbedarf anstand, der nicht aus einer Veränderung der Bedürfnisse zu erklären ist.

Immerhin könnte man doch Bedenken haben, ob es denn nun wirklich der Wille des Gläubigers eines wertgesicherten Kredits ist, den äußeren Tauschwert seines Kredits mit Hilfe einer Geldwertsicherungsklausel unverändert zu erhalten. Er könnte zum Beispiel anstreben, die Geldwertsicherungsklausel mit einem Wertmaßstab zu versehen, der die Kreditsumme entsprechend seinem Nominaleinkommen verändert. Hat er im Jahre 1950 1000,— DM als Kredit hingegeben, was vielleicht 20 % seines Jahreseinkommens ausmachte, so garantierte ihm die Geldwertsicherungsklausel im Jahre 1960 eine Kreditrückzahlung in Höhe von ebenfalls 20 % seines Jahreseinkommens von 1960, also vielleicht 2000,— DM. Möglicherweise hätte er damit erreicht, daß der Nutzen, den er aus der zurückgezahlten Kreditsumme ziehen kann, dem Nutzen entspricht, den er im Jahre 1950 gehabt hätte, wenn er nicht gespart hätte. Er hätte mit diesen Überlegungen die Illusion verloren, daß Veränderungen des äußeren Tauschwertes des Geldes auch Veränderungen des Nutzens einer Geldeinheit anzeigen, daß innerer und äußerer Tauschwert des Geldes identisch seien.

Man könnte einwenden, daß zwar der Nutzen einer Geldeinheit für das einzelne Wirtschaftssubjekt von großem Interesse ist, daß aber das An-

[48] Statistisches Jahrbuch der Bundesrepublik Deutschland 1962. Stuttgart 1962. S. 506.

streben eines konstanten inneren Tauschwertes eines Kredits mit Hilfe einer Geldwertsicherungsklausel — mag das nun einen konstanten Nutzen der Geldeinheit bedeuten oder nicht — in der Realität nicht durchzusetzen ist. Der Gläubiger erstrebte einen Wertmaßstab für eine Geldwertsicherungsklausel, den ihm kein Schuldner zugestehen könnte. Dieses Argument erfordert es, das Problem von einem anderen Ansatz her anzugehen. Bisher sollte erst einmal darauf aufmerksam gemacht werden, daß eine Konstanz des äußeren Tauschwertes des Kredits durchaus nicht immer eine befriedigende „Wertbeständigkeit" zu bedeuten braucht.

Die Bedeutung der Illusion der Identität von äußerem und innerem Tauschwert des Geldes für die Wirtschaftsrechnung soll folgende Überlegung zeigen:

In einer Volkswirtschaft bleibe der äußere Tauschwert des Geldes konstant. Um bei angenommenen gesamtwirtschaftlichen Produktivitätsfortschritten die steigende Produktion zu durchschnittlich unveränderten Preisen absetzen zu können, sind ebenfalls steigende Nominaleinkommen notwendig.

Kapital im volkswirtschaftlichen Sinne wird durch Konsumverzicht und Investition gebildet. Dem Konsumverzicht entspricht eine bestimmte Menge von Konsumgütern, der Investition ein bestimmter Aufwand an Produktionselementen. Zum Zeitpunkt der Investition sind die Gegenwerte des Konsumverzichts und der Investition preisgleich. Durch die gesamtwirtschaftlichen Produktivitätsfortschritte werden nun im Laufe der Zeit die Konsumgüter im Vergleich zu den Produktionselementen relativ billiger. Ist nun zur Kapitalerhaltung erforderlich, daß der Wert der Kapitalgüter (Restwert und bereits angesammelte Abschreibungen) dem Gegenwert des ehemaligen Konsumverzichts oder dem Gegenwert der ehemals aufgewendeten Produktionselemente entspricht?

Offenbar muß nach dem Verschleiß des Kapitalgutes der angesammelte Abschreibungsbetrag ausreichen, um ein gleiches Kapitalgut wieder nachfragen zu können. Wird dieses Kapitalgut mit unveränderter Produktivität erzeugt, so bedarf es dazu eines unveränderten Aufwandes an Produktionselementen. In diesem Falle würde der Gegenwert des ehemaligen Konsumverzichts dazu nicht ausreichen, da die Konsumgüter gegenüber den Produktionselementen relativ billiger geworden sind. Für die in dieser Lage befindlichen Unternehmer führte die Freiheit von der Illusion des unveränderten äußeren Tauschwertes des Geldes allein noch zu keiner Kapitalerhaltung.

Diese Unternehmer werden die Illusion der Identität von äußerem und innerem Tauschwert des Geldes verlieren. Sie werden nach einem Wertmaßstab suchen, dessen Preisänderungen Änderungen des inneren Tauschwertes des Geldes anzeigen, wobei der innere Tauschwert ex definitione dann unverändert bleibt, wenn vom Geld in seiner Eigenschaft als Rechenhilfsmittel kein Einfluß auf die Preise der Güter ausgeht[49]. Es soll versucht werden, diesen Wertmaßstab mit Hilfe des Modells der idealtypischen Tauschwirtschaft zu finden.

3. Der ideale Wertmaßstab

In einer idealtypischen Naturaltauschwirtschaft[50] gibt es ex definitione kein Geld als selbständiges wirtschaftliches Gut. Die Grundleistungen[51] des Geldes als Tauschmittel und Rechenhilfsmittel[52] werden durch beliebige Güter erfüllt, ohne daß diese wegen dieser Leistungen besonders geschätzt werden. Aus Angebot und Nachfrage beim Tausch ergibt sich für jedes Gut eine mengenmäßige Austauschrelation gegenüber jedem einzelnen der anderen Güter. Zur Maximierung seines Nutzens muß der Tauschende eine Fülle von mengenmäßigen Austauschrelationen vergleichen. Diese Aufgabe wird wesentlich erleichtert, wenn dic Tauschenden ihre Forderungen nicht mehr mit einer Menge des nachgefragten Gutes angeben, sondern mit einer Mengenangabe eines dritten Gutes[53]. Dieses dritte Gut wird damit zum Wertmaßstab[54]. Die einheitliche Bezugsbasis zur Angabe der Tauschwerte erlaubt es nun, den Tauschwert nur durch eine Zahl auszudrücken, z. B. 100, wobei die Zahl eine Mengenangabe des als Wertmaßstab dienenden Gutes ist, etwa 100 Glasperlen.

[49] Vgl. Carl Menger, Artikel „Geld", a. a. O., S. 592—598.

[50] Vgl. Gustav Cassel, Theoretische Sozialökonomie. Erlangen-Leipzig [3]1923. S. 35—39.

[51] Vgl. Adolf Weber, Allgemeine Volkswirtschaftslehre. Berlin [6]1956. S. 367.

[52] Im Sinne von Koopmans sollen die Funktionen des Geldes als Tauschmittel und Wertmaßstab als „zwei grundverschiedene Erkenntnisobjekte" aufgefaßt werden. Vgl. J. G. Koopmans, Zum Problem des „neutralen Geldes. In: Beiträge zur Geldtheorie. Wien 1933. S. 247.

[53] Vgl. dazu die Ausführungen Mengers über den naturalen Tauschverkehr. Carl Menger, Grundsätze der Volkswirtschaftslehre. Wien-Leipzig [2]1923. S. 242—259.

[54] Im Modell soll davon abgesehen werden, daß dieses dritte Gut dann auch als Tauschmittel dient, obwohl dies in der Realität der Fall sein würde. Vgl. dazu Folkert Wilken, Die Phänomenologie des Geldwert-Bewußtseins. In: Arch f. Sozialwiss. u. Sozpol., 56. Band 1926, S. 468—469.

Vom Wertmaßstab ist dabei zu fordern, daß sich auch im Zeitverlauf seine Knappheit nicht ändert, d. h. seine Austauschrelationen gegenüber den anderen Gütern ändern sich nur durch Veränderungen der Knappheit der andern Güter und nicht durch Änderungen der Knappheit des Wertmaßstabes. In diesem Fall würden Preisänderungen nur dann eintreten, wenn die ausgetauschten Güter mehr oder weniger knapp geworden wären. Ein Wertmaßstab, der diese Forderung erfüllt, könnte als ein *idealer Wertmaßstab* bezeichnet werden[55].

„Ein Gut dieser Art wäre ... von geradezu unschätzbarer praktischer Bedeutung. Wer über eine bestimmte Quantität desselben ... verfügte, wäre in seiner Wirtschaft und in der Herrschaft über die übrigen Verkehrsobjekte zwar auch dann noch von der örtlichen Verschiedenheit und der Bewegung der Austauschverhältnisse der Güter abhängig, indes nur insoweit, als die Bestimmungsgründe derselben (...) sich auf seiten der mit dem wertbeständigen Gute einzutauschenden Güter geltend machen würden. Er wäre aber dagegen gesichert, daß seine wirtschaftliche Lage durch eine Änderung des ‚inneren Tauschwertes' der seine Einkommen bildenden wertbeständigen Güter, des Inhalts seiner Forderung usf. eine Änderung erfahren könnte."[56]

Die Preise, ausgedrückt in Einheiten des idealen Wertmaßstabes, sollen *objektive Marktwerte* genannt werden[57]. Nimmt man für dieses Modell einen stationären Zustand an, so könnte jedes Gut als Wertmaßstab dienen, weil sich die Austauschrelationen nicht ändern würden.

Kommt es dagegen ceteris paribus zu Nachfrageverschiebungen, so wären die von den Nachfrageverschiebungen betroffenen Güter ungeeignet zum Wertmaßstab, weil die Anpassung der Produktion an die veränderte Nachfrage durch Änderung der Austauschrelationen ausgelöst werden wird. Entweder müßte man ein oder mehrere Güter zum Wertmaßstab wählen, die von den Nachfrageverschiebungen nicht betroffen sind, oder es müßte eine Güterkombination als Wertmaßstab dienen, bei der eine Kompensation der Änderung der Austauschrelationen stattfindet[58].

Weiter könnte sich die gesamtwirtschaftliche Produktivität ändern. Steigt die gesamtwirtschaftliche Produktivität, so produziert eine gegebene

[55] Das Problem ist identisch mit dem Problem des Gutes von universellen und unwandelbarem „inneren" Tauschwert bei Menger. Vgl. Carl Menger, a. a. O., S. 304—313.

[56] Carl Menger, a. a. O., S. 307.

[57] Zum Begriff des objektiven Marktwertes vgl. Hans H. Lechner, Marktwirtschaftliche Theorie des neutralen Geldes. Berlin 1959. S. 17—22.

[58] Eine formal-mathematische Lösung dafür bleibt theoretisch unbefriedigend. Vgl. dazu Gottfried Haberler, Der Sinn der Indexzahlen. Tübingen 1927. S. 68—69.

Menge von Produktionselementen eine größere Menge von Produkten. Die Austauschrelationen müssen sich dann so verändern, daß entweder die Produktionselemente teurer oder die Produkte billiger werden. Obwohl „keine Rangordnung zwischen verschiedenen Preisen in dem Sinne besteht, daß einige Bestimmungsgründe der anderen sind"[59], wäre hier zu fragen, ob die objektiven Marktwerte der Produkte oder die objektiven Marktwerte der Produktionselemente unverändert bleiben sollten. Geht man davon aus, daß Produktivitätsfortschritte niemals gleichmäßig in allen, sondern nur in einzelnen Produktionszweigen erzielt werden, so wäre der Fall denkbar, daß in weiten Teilen der Tauschwirtschaft mit unveränderter Produktivität produziert wird. Dort dürften sich offenbar die objektiven Marktwerte so lange nicht ändern, wie nicht durch Sekundärwirkungen, die von den Produktionszweigen mit veränderten Produktionsbedindungen ausgehen, güterwirtschaftliche Veränderungen eintreten[60]. Dies wäre der Fall, wenn die Preise der Produktionselemente unverändert blieben, also mit gleichen Nominalkosten produziert werden könnte. Der ideale Wertmaßstab ist daher bei diesen Voraussetzungen in einer bestimmten Menge von Produktionselementen zu suchen.

Da Arbeit, Kapital und Boden an der Produktion beteiligt sind, ist der ideale Wertmaßstab nicht *ein* Gut, sondern eine *Kombination* der drei Produktionselemente. Der ideale Wertmaßstab setzt sich daher aus einer bestimmten Menge an Arbeitsstunden und der Nutzung einer bestimmten Menge von Boden und Kapital während einer Periode zusammen[61].

Durch Bevölkerungsveränderungen, reichlichere Kapitalausstattung der Volkswirtschaft wird sich die Menge der je Periode aufgewendeten Einheiten des idealen Wertmaßstabes verändern; ebenso kann sich der Anteil der einzelnen Produktionselemente an dieser Kombination verschieben. Eine Verfolgung dieser Veränderungen mit Berücksichtigung aller drei Produktionselemente ist außerordentlich schwierig.

Bei der Annahme, daß sich der *Anteil* eines bestimmten Produktionselements an dieser Kombination nicht oder nur wenig ändert, ist diese

[59] Gustav Cassel, a. a. O., S. 77.
Vgl. dazu aber auch Eugen von Böhm-Bawerk, Kapital und Kapitalzins. Zweite Abteilung Positive Theorie des Kapitals, II. Bd. S. 162—193. (Exkurs VIII).

[60] Vgl. Friedrich A. von Hayek, Das intertemporale Gleichgewichtssystem der Preise und die Bewegungen des „Geldwertes". In: Weltwirtschaftliches Archiv, Band 28, Jg. 1928. S. 63—65.

[61] Davidson verwendet die Bezeichnung „quantity of productive power". Vgl. Carl G. Uhr, Economic Doctrines of Knut Wicksell. Berkeley and Los Angeles 1960. S. 270—276.

Aufgabe wesentlich erleichtert. Man kennt dann zwar den idealen Wertmaßstab nicht genau, erhält aber eine Näherungslösung, um Preis*änderungen* des idealen Wertmaßstabes zu verfolgen.

Da über die geleisteten Arbeitsstunden und die dafür gezahlten Löhne die umfangreichsten statistischen Unterlagen erarbeitet werden, bietet sich das Produktionselement Arbeit zur Verwendung für eine solche Näherungslösung an. Die Arbeitsstunden unterschiedlicher Qualifikation müssen dabei auf Arbeitsstunden einer festgelegten Qualifikation umgerechnet werden. Aus den Lohnrelationen am Markt kann man die dazu notwendigen Äquivalenzziffern gewinnen.

Diese festgelegte Qualifikation muß möglichst auch über längere Zeitspannen hinweg unverändert bleiben. Am ehesten scheint dies bei der ungelernten Arbeit der Fall zu sein, wenn auch durch die Berücksichtigung der Veränderungen des human capital für die praktische Berechnung Schwierigkeiten zu erwarten sind. Auf alle Fälle ist eine ergänzende Beobachtung der Veränderungen der Lohnrelationen erforderlich, um sicher zu sein, daß Veränderungen des Lohnniveaus und nicht nur Veränderungen der Lohnrelationen vorliegen, wenn sich der Lohn für ungelernte Arbeit ändert. Eine brauchbare Lösung ist jedoch denkbar, soweit es sich um kurze Zeitspannen handelt.

Wie verhält es sich nun aber mit der Annahme, daß der Anteil des Produktionselements Arbeit innerhalb dieser Kombination konstant bleibt? In diese Kombination geht jedes Produktionselement mit einer Mengenkomponente und einer Preiskomponente ein. Das Produkt aus Mengen- und Preiskomponente ist das Einkommen, was für die Nutzung dieses Produktionselements entstanden ist. Solange man den idealen Wertmaßstab nicht kennt, sind die absoluten Änderungen des Einkommens nicht erfaßbar, wohl aber die Veränderungen der Relationen des *Anteils*, der auf jedes Produktionselement vom gesamten Volkseinkommen entfällt.

„Überblickt man jetzt die Einkommensverteilung in den verschiedenen Ländern, so drängt sich der Eindruck einer *ziemlichen Konstanz der Verteilungssätze* im langfristigen Durchschnitt auf[62]." Bleibt der Anteil des Einkommens aus Arbeit am Volkseinkommen konstant, kann man von den Lohnänderungen der ungelernten Arbeit auf die Preisänderungen des idealen Wertmaßstabes schließen.

Ändert sich dagegen der Anteil des Einkommens aus Arbeit am Volkseinkommen, so ist dieser Zusammenhang nicht mehr genau gegeben.

[62] Wilhelm Krelle, Verteilungstheorie. Wiesbaden 1962. S. 18.

Steigt beispielsweise der Anteil des Einkommens aus Arbeit von 60 auf 65 %, so weichen die Lohnänderungen für ungelernte Arbeit von den Preisänderungen des idealen Wertmaßstabes bei 10-prozentiger Preissteigerung um 8,5 % ab. Diese Abweichungen sind aber mit Hilfe einer Fehlerrechnung zu erfassen[63]. Sofern man diese möglichen Fehler durch die Auswertung von Verschiebungen des Anteils des Einkommens aus Arbeit am Volkseinkommen durch eine Fehlerrechnung berücksichtigt, ist die Stunde ungelernter Arbeit ein brauchbarer Indikator, um *Veränderungen* des Preises des idealen Wertmaßstabes zu verfolgen.

Wenn im folgenden die Stunde ungelernte Arbeit als Wertmaßstab von Geldwertsicherungsklauseln dem idealen Wertmaßstab gleichgesetzt wird, so ist das mit Berücksichtigung dieser Einschränkungen zu verstehen.

Führt man in dieses Modell ein Tauschmittel als selbständiges wirtschaftliches Gut, also Geld ein, dann wird dieses Gut Objekt von Angebot und Nachfrage. Die Austauschrelation zum idealen Wertmaßtsab ist der objektive Marktwert oder der *innere Tauschwert des Geldes.*

Bei einem Papiergeld, das im Gegensatz zu den anderen Gütern außer der Fähigkeit, als Geld zu dienen, keinen anderen Gebrauchswert hat, muß eine künstliche Knappheit erzeugt werden, künstlich deshalb, weil nicht durch bestimmte Produktionskosten oder Seltenheit der Rohstoffe, sondern durch das Monopol einer Notenbank herbeigeführt[64]. Nur so

[63] Die Steigerung des Nominaleinkommens aus Arbeit enthält bei diesem Beispiel zwei Komponenten: 1. Die Steigerung, entsprechend der Steigerung des Preisindex der Produktionselemente, und 2. die Steigerung, die auf der Vergrößerung des *Anteils* innerhalb dieses Preisindex beruht.
Aus 2), der Steigerung des Anteils, ergibt sich eine bestimmte Abweichung der Steigerung von Preisindex und des Nominaleinkommens aus Arbeit, deren *absoluter* Betrag wächst, je mehr der Preisindex steigt. Die Bezugsbasis für die *prozentuale* Abweichung enthält nicht nur die Steigerung, sondern auch die *unveränderten* Ausgangswerte. Daher wird die Abweichung in Prozent mit größerer Änderung des Preisindex größer.

[64] Vgl. Siegfried Budge, Gibt es einen inneren Geldwert? In: Wirtschaft und Gesellschaft, Festschrift für F. Oppenheimer. Frankfurt/M. 1924. S. 321—322.
Sind die Austauschrelationen der Güter gegeben, so können diese Relationen in bestimmten Quanten von Geldeinheiten ausgedrückt werden. „Dadurch wird die Geldeinheit zum Preismaßstab. Für diese letztere Funktion ist der innere Wert des einzelnen Geldgutes gleichgültig, denn es ist natürlich für das Wertverhältnis zweier Güter von keinem Belang, ob das eine Gut 1000, das andere Gut 2000, das andere 4000 der soeben genannten Geldeinheiten wert ist. In beiden Fällen verhält sich ihre Wertrelation wie eins zu zwei."

kommt man zu einem billig herzustellenden und gleichzeitig handlichen Tauschmittel. Grundsätzlich wird die Eignung des Geldes als Tauschmittel durch Änderungen seines inneren Tauschwertes nicht beeinträchtigt, wohl aber die Eignung als Rechenhilfsmittel. Dies besonders bei einem intertemporalen Vergleich von Preisen. Fällt der innere Tauschwert des Geldes, findet eine Inflation, steigt der innere Tauschwert des Geldes, findet eine Deflation statt[65].

Gelänge es der Notenbank, durch Regulierung des Geldumlaufes den inneren Tauschwert des Geldes konstant zu halten, würden sich sämtliche Preise wie die objektiven Marktwerte der entsprechenden Güter und Leistungen verändern. Preisänderungen von der Geldseite her wären wenigstens für die Gesamtheit der Preise unterbunden. Da das Austauschverhältnis einer Geldeinheit zu einer Einheit des idealen Wertmaßstabes unverändert bleibt, ist eine Rechnung in Geldeinheiten dann gleichzeitig eine Rechnung in Einheiten des idealen Wertmaßstabes. Das Geld in seiner Eigenschaft als Rechenhilfsmittel verhielte sich neutral[66].

„Der besondere Grund, weshalb man allgemein angenommen hat, daß es nichts derartiges wie einen Normalwertmesser geben kann, ist, wie mir scheint, der Umstand, daß der Begründer der Volkswirtschaftslehre, Adam Smith, eine Definition des Tauschwertes gegeben hat, die ... ganz im Widerspruch zu dem besonderen Wertmesser steht, den er selbst vorgeschlagen hat. Wenn man unter dem

[65] Vgl. dazu Herbert Giersch, Inflation. In: Handwörterbuch der Sozialwissenschaften, Band 5. Stuttgart-Tübingen-Göttingen 1956. S. 281—283.

[66] Vgl. J. G. Koopmans, a. a. O., S. 228:
„Neutral ist ... das Geld dann, und zwar nur dann, wenn sämtliche Vorgänge in der Geldwirtschaft dem Idealtypus einer reinen Tauschwirtschaft nach den Gesetzen der Gleichgewichtstheorie entsprechen."
S. 342—343: „... die Neutralität des Geldes ... verwirklicht ... die Kontinuität in der Entwicklung der einzelnen Preise und damit auch in dem Preissystem als ganzen. Mit diesem Ausdruck ‚Kontinuität' ist hier insbesondere der Tatbestand gemeint, daß die Preise sämtlicher Güter, die nicht von einer ‚spezifischen' (primären oder sekundären) Änderung in den Nachfrage- oder Angebotsfunktionen betroffen werden, unter einem System der neutralen Geldversorgung in unserem Sinne völlig unverändert bleiben können ... Anstatt des Durchschnittes sämtlicher Preise würde somit unter einem System neutraler Geldversorgung in unserem Sinne jeweils ein (allerdings der Zusammensetzung nach stetig wechselnder) ‚Kern' individueller Preise — ... — stabil bleiben." Damit wäre erreicht, „daß die Geldpreise der einzelnen Güter (auch der Kostengüter!) jeweils genau so lange unverändert bleiben, als nicht ein wirtschaftlich rationeller Grund vorliegt, um entweder ihre Produktion oder ihre Konsumtion auszudehnen bzw. einzuschränken, oder aber die betreffenden Produktionsmethoden zu ändern."

Ausdruck ‚der Tauschwert eines Gegenstandes', wie es Adam Smith behauptet hat, die Fähigkeit, andere Güter zu kaufen, die der Besitz dieses Gegenstandes verleiht, versteht, so ist es, da es ganz sicher ist, daß diese Fähigkeit durch die Leichtigkeit, mit der andere Güter produziert werden, zunehmen kann, so gut, wie durch die Schwierigkeit seiner eigenen Produktion, ebenso sicher, daß es keinen Wertmesser für einen solchen Gegenstand geben kann ... Die Frage nach dem Vorhandensein eines Wertmessers hängt also davon ab, was wir unter Tauschwert verstehen ... so oft man also von dem Wert einer Ware ... sprechen hört, ohne daß ein Gegenstand bezeichnet wird, mit dem man jene vergleichen will, dann dürfen wir getrost den auf inneren Ursachen beruhenden Wert darunter verstehen; und wenn Arbeit, in der erwähnten Weise angewendet, als der Messer solchen Wertes betrachtet wird, so geht daraus notwendig hervor, daß weder Geld noch andere Ware jemals genau die Funktionen eines solchen Messers erfüllen kann, abgesehen von der Zeit, in der ihr Verhältnis zur Arbeit dasselbe bleibt."[67]

Mit Hilfe des idealen Wertmaßstabes kann man feststellen, ob für wertgesicherte Kredite vom Schuldner mehr oder weniger zu zahlen ist als für einen entsprechenden nichtwertgesicherten Kredit bei unverändertem inneren Tauschwert des Geldes. Dies wird jeweils davon abhängen, wie sich der Preis des zur Wertsicherung benutzten Wertmaßstabes in Relation zum Preis des idealen Wertmaßstabes verändert hat. Damit kann untersucht werden, ob die wertgesicherten Kredite für die Schuldner eine nicht zumutbare Belastung entstehen lassen oder nicht.

[67] T. R. Malthus, Grundsätze der politischen Ökonomie. Berlin [2]1910. S. 176 bis 177, 180.

V. Die Wirkungen der Geldwertsicherungsklauseln bei unerwarteten Tauschwertänderungen des Geldes

Im dritten Kapitel wurden die unmittelbaren Wirkungen der Geldwertsicherungsklauseln auf Schuldner und Gläubiger aufgezeigt:

1. Die Schuldner wertgesicherter Kredite müssen insgesamt *mehr oder weniger* als für einen nichtwertgesicherten Kredit zahlen, wenn die Tauschwertminderung bzw. Tauschwertsteigerung des Geldes *nicht erwartet wurde*. Die Gläubiger erhalten entsprechend mehr oder weniger zurück.
2. Bei einem Ausgleich von Tauschwertänderungen über den Zins treten immer *zeitliche Verschiebungen* der Zahlungen der Schuldner gegenüber einem Zustand ohne Inflation auf. Geldwertsicherungsklauseln korrigieren diese zeitlichen Verschiebungen wieder. Bei einem Ausgleich von Tauschwertänderungen über den Zins nichtwertgesicherter Kredite ist erforderlich, daß die Tauschwertänderung des Geldes *erwartet* wurde.

In der Realität werden diese beiden Wirkungen der Geldwertsicherungsklauseln gleichzeitig auftreten, nicht zuletzt deshalb, weil erwartete und unerwartete Tauschwertänderungen des Geldes aufeinander folgen. Die Untersuchung der volkswirtschaftlichen Auswirkungen soll jedoch getrennt in je einem Kapitel durchgeführt werden.

Daher wird in diesem Kapitel eine *unerwartete* Tauschwertänderung des Geldes vorausgesetzt und danach gefragt, welche volkswirtschaftlichen Wirkungen davon ausgehen können, daß die Schuldner wertgesicherter Kredite mehr oder weniger zahlen müssen als die Schuldner nichtwertgesicherter Kredite.

Im folgenden sechsten Kapitel werden die volkswirtschaftlichen Wirkungen der schrittweisen Zerstörung der Geldillusion durch die Einführung von Geldwertsicherungsklauseln im Verein mit der Korrektur der zeitlichen Verschiebung der Zahlungen untersucht werden.

1. Die Wirkungen des Aufgeldes bei einer Hyperinflation

Von den Wirtschaftssubjekten unerwartete Änderungen des Tauschwertes des Geldes, die zu erheblichen Unterschieden der Zahlungen der Schuldner von wertgesicherten und nichtwertgesicherten Krediten führen, treten bei einer Hyperinflation und einer Deflation auf.

Die Hyperinflation ist charakterisiert durch ein starkes Sinken und zumindest in der Schlußphase durch die Beschleunigung des Sinkens des Tauschwertes des Geldes. Die Beschleunigung des Sinkens des Tauschwertes des Geldes in der Hyperinflation läßt erwarten, daß eine Hyperinflation zeitlich begrenzt ist. Das Geld verliert nicht nur die Funktion als Rechenhilfsmittel, sondern letztlich auch die als Tauschmittel.

Nichtwertgesicherte Kredite werden vor Beginn oder in der Anfangsphase der Hyperinflation zu einem Zins gegeben, der zu niedrig ist, um die später eintretende sich beschleunigende Tauschwertminderung des Geldes auszugleichen. Selbst wenn ein einzelner die spätere Beschleunigung der Tauschwertminderung erwarten würde, wäre es ihm doch nicht möglich, einen genügend hohen Zins für einen nichtwertgesicherten Kredit zum Ausgleich der von *ihm* erwarteten Tauschwertminderung des Geldes durchzusetzen, solange diese Tauschwertminderung nicht auch von den anderen Wirtschaftssubjekten erwartet wird. Kein Schuldner wird bereit sein, sich mit einem Zins zu belasten, der mehr als die von ihm im Augenblick der Kreditaufnahme erwartete Tauschwertminderung des Geldes ausgleicht.

Bei den wertgesicherten Krediten dagegen paßt sich die geschuldete Nominalsumme automatisch den Preisänderungen des gewählten Wertmaßstabes an. Die Preise der Wertmaßstäbe können hinter den Veränderungen des Tauschwertes des Geldes zurückbleiben oder ihnen voraneilen. Beispielsweise könnte der Lebenshaltungskostenindex in der Anfangsphase der Hyperinflation schneller steigen als der Lohn für eine bestimmte Arbeitsleistung.

Hätte jemand ein als *„Sachwert "bevorzugtes Gut* zum Wertmaßstab gewählt und stiege dessen Preis im Laufe der Inflation so hoch, daß darin die weiter erwartete Minderung des Tauschwertes des Geldes antizipiert ist, so würden für den Schuldner sehr hohe Aufgelder fällig. Der Nominalbetrag des wertgesicherten Kredits würde dann im Vergleich zur als Kredit überlassenen Kaufkraft zu hoch. Der Schuldner erlitte durch die Wertsicherung einen realen Verlust. Welche Güter jeweils als „Sachwert" bevorzugt werden, ist eine Tatfrage. Während der Inflation nach dem Ersten Weltkrieg waren es in Deutschland insbesondere Devisen. Wertgesicherte Kredite aus der Vorinflationszeit mit dem *Wertmaßstab Dollar* oder auch *Gold* hätten die Schuldner zu Aufgeldern verpflichtet, die zu erheblichen realen Verlusten geführt hätten, wenn der Kredit vor dem Oktober 1923 fällig geworden wäre (siehe nachfolgende Tabelle).

Steigerung des Dollarkurses, Großhandelsindex und Lebenshaltungskostenindex in Deutschland[68]

	Dollarkurs	Groß-handels-index	Lebenshal-tungskosten-index	Lohn der Reichsbetr.-arb. (Gr. VII)
1913	1,0	1,0	1,0	1,0
Dez. 1920	17,28	14,40	11,58	10,1
Dez. 1921	45,72	34,87	19,28	18,8
Dez. 1922	1807,83	1474,79	685,06	553,9
Aug. 1923	1,10 Mio	0,94 Mio	0,586 Mio	0,79 Mio
Okt. 1923	6,0 Mrd	7,1 Mrd	3,66 Mrd	7,8 Mrd
Nov. 1923	522,3 Mrd	725,7 Mrd	657,00 Mrd	402,2 Mrd
Dez. 1923	1000,0 Mrd	1261,6 Mrd	1247,00 Mrd	789,9 Mrd

Bei einer Hyperinflation ist, wie ersichtlich, mit erheblichen Veränderungen der Preisrelationen aus monetären Gründen zu rechnen. Es fällt auf, daß der Lebenshaltungskostenindex und auch der Lohn hinter dem Dollarkurs, dessen Veränderung auch gleichzeitig Veränderungen des Goldpreises anzeigt, bis zum November 1923 zurückbleibt. Wertgesicherte Kredite, mit dem *Warenbündel des Lebenshaltungskostenindex* oder einer *Arbeitsleistung* als Wertmaßstab, ließen Aufgelder fällig werden, die den Gläubiger schlechter stellten als den Horter des „Sachwertes" *Gold*.

Wertgesicherte Kredite mit dem Wertmaßstab Gold dagegen belasteten den Schuldner mit einem Aufgeld, das die zurückzuzahlende Summe bis zum August 1923 mehr steigen ließ, als der Großhandelsindex gestiegen war. Diese hohen Aufgelder sind aber keine Folge der Geldwertsicherungsklauseln an sich, sondern die des Wertmaßstabes.

Zweifellos müssen die Schuldner wertgesicherter Kredite für Zins- und Amortisationszahlungen jetzt mehr aufwenden als die Schuldner nichtwertgesicherter Kredite, deren Bruttozins keine oder eine weit geringere Minderung des Tauschwertes des Geldes vergütet. Führen die Geldwertsicherungsklauseln angesicht dieser Mehraufwendungen der Schuldner zu Einkommens- oder Vermögensübertragungen?

Für jedes Angebot, das im Laufe der Inflation an den Markt gebracht wird, lassen sich im Laufe der Zeit immer höhere Preise erzielen. Der Schuldner eines Kredits, der in den Besitz des für die Rückzahlung erforderlichen Geldbetrages kommen will, braucht für den gegebenen Nomi-

[68] Entnommen aus Karl Elster, Von der Mark zur Reichsmark. Jena 1928. S. 478—479.

nalbetrag eines nichtwertgesicherten Kredites daher im Laufe der Zeit immer weniger anzubieten.

Bei aller Skepsis, die man haben kann, ob bei einer Hyperinflation die Veränderungen des Lebenshaltungskostenindex und des Lohnes für ungelernte Arbeit Änderungen des äußeren und inneren Tauschwertes des Geldes überhaupt aufzeigen können, könnte man doch erwarten, daß sich der Lebenshaltungskostenindex und der Lohn weniger sprunghaft ändern, als dies bei Gütern der Fall ist, die als „Sachwert" betrachtet werden.

Die Schuldner von wertgesicherten Krediten mit dem *idealen Wertmaßstab* können grundsätzlich nicht schlechter gestellt sein, als wenn keine Inflation stattgefunden hätte. Der Preis des idealen Wertmaßstabes verändert sich ja wie die Nominaleinkommen in der Volkswirtschaft aus einer Stunde Arbeit, der Nutzung eines bestimmten Kapitalgutes usw. Wenn sich das Einkommen des Schuldners relativ zu dem Einkommen der übrigen Wirtschaftssubjekte nicht geändert hat, belastet ihn ein wertgesicherter Kredit relativ nicht mehr, als wenn sich der innere Tauschwert des Geldes nicht geändert hätte

Ein wertgesicherter Kredit mit dem *Warenbündel*, das dem Preisindex *der Lebenshaltungskosten* zugrunde liegt, wird die Schuldner gegenüber einem Zustand ohne Inflation relativ mehr belasten. Sie werden tendenziell schlechter gestellt sein, als wenn der Tauschwert des Geldes stabil geblieben wäre. Im Laufe der Hyperinflation wird es zu Fehlleitungen der Produktionselemente kommen, mit dem Ergebnis, daß die gesamtwirtschaftliche Produktivität sinkt. Das Realeinkommen der Schuldner wird sinken. Sie müssen einen größeren Teil dieses Realeinkommens aufwenden, wenn sie eine Geldwertsicherungsklausel verpflichtet, die Nominalzahlungen entsprechend den Steigerungen des Lebenshaltungskostenindex aufzuwerten. Dies gilt jedenfalls für die Schuldner von Konsumkrediten.

Die Schuldner von Investitionskrediten dagegen befinden sich im Besitz der mit Hilfe des wertgesicherten Kredits angeschafften Kapitalgüter. Durch den Verkauf dieser Kapitalgüter oder deren Verbrauch in der Produktion müßten sie grundsätzlich einen Erlös erzielen können, der sich entsprechend der Preisindexsteigerung der Produktpreise erhöht hat.

Man kann aber argumentieren, daß ihnen die Differenz zwischen den Erlösen entsprechend der Steigerung des Preisindex der Produktpreise und des Preisindex der Produktionselemente als Gewinn aus dem allgemeinen Unternehmerrisiko zufließt. Wenn sich die Gläubiger nicht an möglichen Verlusten bei gesamtwirtschaftlichen Produktivitätssteigerungen beteili-

gen, dürfen sie auch an möglichen Gewinnen beim Sinken der gesamtwirtschaftlichen Produktivität nicht teilhaben.
Für nichtwertgesicherte Kredite demgegenüber, die in ihrem Bruttozins eine seinerzeit geringere erwartete Änderung des Tauschwertes des Geldes antizipieren, werden die Zahlungen der Schuldner geringer sein. Es kommt tendenziell zu Einkommen- und Vermögensübertragungen zugunsten der Schuldner. Die Schuldner erzielen reale Inflationsgewinne, weil sie einen geringeren Teil ihres Einkommens oder ihrer Erlöse aufzuwenden brauchen — gegenüber einem Zustand ohne Inflation —, um sich zu entschulden.
Grundsätzlich also führen die Geldwertsicherungsklauseln mit dem idealen Wertmaßstab nicht zu Einkommens- und Vermögensübertragungen, sondern verhindern diese. Die Geldwertsicherungsklauseln ergeben keine außergewöhnliche Belastung für die Schuldner, sondern beseitigen die außergewöhnliche Begünstigung.
Wenn dieser Grundsatz für die Gesamtheit der Schuldner gilt, ist damit nicht ausgeschlossen, daß einzelne Schuldner günstiger oder schlechter stehen im Vergleich zu einem Zustand ohne Inflation.

1. Sind Höchstpreise festgesetzt, so können die Anbieter der betroffenen Güter keine den Preisänderungen des Wertmaßstabes angemessenen Erlöse erzielen. Eine Mietpreisbindung würde es den Hauseigentümern unmöglich machen, Erlöse zu erzielen, mit denen die Aufwendungen für wertgesicherte Kredite bestritten werden könnten.
2. Als Folge der Inflation werden — von Höchstpreisen abgesehen — weitere Veränderungen der Preisrelationen auftreten, so daß bestimmte Schuldner für ihr Angebot in Relation zum Preis des Wertmaßstabes von wertgesicherten Krediten höhere oder geringere Preise erzielen. Es ist wohl möglich, daß dann die Geldwertsicherungsklauseln bei bestimmten Gütern preistreibend wirken, indem sie die vom Verlust bedrohten Schuldner zu höheren Preisforderungen für ihr Angebot veranlassen.

   Ist zum Beispiel der Mietpreis nicht gebunden und haben die Vermieter den Bau ihrer Häuser mit nichtwertgesicherten Krediten finanziert, die ihnen bei einer Hyperinflation reale Inflationsgewinne zufließen lassen, so können die Vermieter aus ihren Nominalkosten nicht ersehen, wann güterwirtschaftlich kein kostendeckender Preis mehr erzielt wird. Obwohl sie einen möglichst hohen Gewinn erzielen wollen, ist das Interesse, diese Mietpreisuntergrenze zu kennen, nicht besonders groß, da die eintretenden realen Verluste auf ihre Gläubiger abgewälzt sind. Wenn ihr Eigenkapital im Verhältnis zum Fremdkapital genügend gering ist, erzielen sie persönlich auch dann noch einen realen Gewinn, wenn volkswirtschaftlich bereits Kapitalverzehr stattfindet. Der Gläubiger verliert in jedem Fall an Vermögen, die Höhe des Mietpreises entscheidet darüber, wer dabei begünstigt wird, die Hauseigentümer oder die Mieter. Ist der Bau der Miethäuser mit wertgesicherten Krediten finanziert, so werden die Vermieter bei einer Hyperinflation durch die steigenden Nominalkosten gezwungen, die Mieten im Gleichschritt zu erhöhen.[69].

Diese Mieterhöhung wäre allerdings dann schwer durchzusetzen, wenn nur ein kleinerer Teil der Anbieter von den steigenden Nominalkosten aus wertgesicherten Krediten betroffen ist. Hat sich der größere Teil der Anbieter mit nichtwertgesicherten Krediten finanziert, entfällt bei diesen Anbietern der Zwang zur Mieterhöhung. Der Kapitalverzehr trifft nicht diese Anbieter selbst, sondern deren Gläubiger. Wird so eine Anpassung der Mieten an das steigende Preisniveau verhindert, könnten für die Schuldner der wertgesicherten Kredite reale Verluste entstehen.

3. Der Fiskus erleidet bei einer Hyperinflation einen Rückgang im Realwert seiner Steuereinnahmen, da niemand ein Interesse daran haben kann, die Steuern früher als unbedingt notwendig zu bezahlen. Bleiben die Steuertermine unverändert und werden als Bemessungsgrundlagen die Nominalwerte aus einem überholten Preisniveau verwendet, muß dies die Realeinnahmen empfindlich senken[70].

[69] Vgl. zur Frage der Gleichschrittreaktion Wolfgang Stützel, Volkswirtschaftliche Saldenmechanik. Tübingen 1958. S. 38—39.

[70] Vgl. dazu Karl Elster, a. a. O., S. 466—471.
Steuereinnahmen des Deutschen Reiches in Millionen „Goldmark" umgerechnet über den Lebenshaltungskostenindex.
Rechnungsjahr

1922		1923	
April	384,0	April	296,9
Mai	463,6	Mai	366,8
Juni	428,6	Juni	165,0
Juli	399,6	Juli	107,9
Aug.	405,2	Aug.	147,7
Sept.	237,9	Sept.	87,3
Okt.	227,4	Okt.	23,9
Nov.	232,4	Nov.	50,2

Eine andere Frage ist die, ob durch die Wertsicherung von Krediten das Inflationstempo beschleunigt wird. Wenn von den Geldwertsicherungsklauseln eine nachhaltige Beeinflussung des Inflationstempos ausgehen soll, müßte die Geldschöpfung beeinflußt werden.

Der Zusammenhang zwischen Änderungen der umlaufenden Geldmenge und Änderungen des Tauschwertes des Geldes ist in einer Hyperinflation u. U. nicht sehr eng, da die Umlaufsgeschwindigkeit des Geldes in Abhängigkeit von den Erwartungen der weiteren Veränderung des Tauschwertes des Geldes stark schwanken kann. Immerhin kann aber angenommen werden, daß eine Ausweitung des Geldumlaufs zu weiterer Tauschwertminderung führen wird, ebenso wie eine Verlangsamung dieser Ausweitung zu einer Verlangsamung der Tauschwertminderung.

Eine Hyperinflation in dem hier angenommenen Ausmaß setzt in der Regel voraus, daß ad hoc geschaffenes Geld konsumtiv verausgabt wird. Eine Verausgabung ad hoc geschaffenen Geldes für Investitionen durch Unternehmer ergäbe nicht nur einen die Inflation tendenziell fördernden Einkommenseffekt, sondern mit einem lag auch einen die Inflation dämpfenden Kapazitätseffekt. Eine Hyperinflation kommt erst dann zustande, wenn der Einkommenseffekt viel früher eintritt als der Kapazitätseffekt und so der für die Preissteigerung notwendige monetäre Nachfrageüberschuß am Markt in dem zur Auslösung einer Hyperinflation erforderlichen Ausmaß entsteht. Eine konsumtive Verausgabung des ad hoc geschaffenen Geldes macht eine Hyperinflation sehr viel wahrscheinlicher, weil der Kapazitätseffekt entfällt.

Die Wirtschaftsgeschichte zeigt, daß Hyperinflationen meistens dann auftreten, wenn die Produktivkräfte der Volkswirtschaften durch Kriege oder deren Folgen in Anspruch genommen waren und es dem Fiskus nicht gelang, seine Ausgaben durch Steuereinnahmen oder die Emission von langfristigen Anleihen, die vom Publikum aufgenommen wurden, zu finanzieren. Entweder hatte der Fiskus selbst die Möglichkeit, ad hoc geschaffenes Geld zu emittieren, oder die von ihm aufgenommenen Kredite bei der Notenbank und den Banken konnten nicht aus dem Erlös von beim Publikum placierten langfristigen Anleihen abgelöst werden[71].

Notenbankkredite an den Fiskus führen ceteris paribus ebenso wie die Emission von selbstgedrucktem Geld zu einer Erhöhung des Geldumlaufs. Anfangs werden dabei die Nominalwerte der Kassenbestände des Publikums steigen, was aber nicht eine Verminderung der Umlaufsgeschwin-

[71] Vgl. Richard Gaettens, Inflationen. München 1955., z. B. über die Inflation in den USA 1861—1865 S. 217—227; im Deutschen Reich 1914—1923 S. 237—270.

digkeit bedeutet. Eine Umrechnung der Kassenbestände auf Realwerte zeigt deutlich deren Verminderung und damit die Erhöhung der Umlaufsgeschwindigkeit.

Da tendenziell bei den Wirtschaftssubjekten eher die Neigung vorhanden sein wird, Kredit zu nehmen als Kredit zu geben, werden die Einlagen bei den Banken, wenigstens soweit dies den Realwert dieser Einlagen anbetrifft, abnehmen. Wenn auch die Banken nominell vielleicht das Giralgeldvolumen ausweiten, wird der Realwert des Giralgeldumlaufs sinken. Sofern sich die Banken nicht bei der Notenbank verschulden können, werden sie in den späteren Phasen der Hyperinflation nur beschränkt in der Lage sein, dem Fiskus Kredit zu gewähren.

Dazu kommt, daß die Notenbank versuchen wird, der Ausweitung des Geldumlaufs entgegenzuwirken, indem sie durch Erhöhung ihres Refinanzierungszinses, soweit dies bei dem Interesse des Fiskus an einem niedrigen Zins eben möglich ist, erhöht. Damit versucht sie zu erreichen, daß sich die Banken und je nach Notenbankverfassung auch die Unternehmer oder andere Wirtschaftssubjekte ihr gegenüber entschulden. Hat sie Geld durch Ankauf von Gütern, etwa Gold, emittiert, so wird sie durch Verkauf dieser Güter den Bargeldumlauf tendenziell einschränken, was unfreiwillig geschieht, wenn bestimmte An- und Verkaufspreise festgelegt sind.

Für die Wirkung wertgesicherter Kredite auf die Geldschöpfung durch den Fiskus ist entscheidend, ob dem Fiskus mit Hilfe wertgesicherter Kredite die Fundierung seiner schwebenden Schuld eher gelingen könnte als bei alleiniger Nachfrage von nichtwertgesicherten Krediten. Bei einer Inflation werden sich die Kreditgeber beim Angebot von nichtwertgesicherten Krediten zurückhalten, wenn sie der Meinung sind, daß der angebotene Zins die erwartete Tauschwertminderung des Geldes nicht ausgleichen kann. Der Fiskus andererseits wird sich scheuen, für nichtwertgesicherte Kredite genügend hohe Zinssätze anzubieten, weil er sich beim Ausbleiben der erwarteten Tauschwertminderung des Geldes nicht nur mit einem hohen Zins, sondern auch mit einer güterwirtschaftlich unveränderten Schuld belastet hätte. Dies führt dazu, daß es meistens nicht gelingt, die schwebende Schuld des Fiskus zu fundieren.

Bietet der Fiskus dagegen Konditionen, die das Risiko der Tauschwertänderung des Geldes für ihn und die Gläubiger ausschließen, bietet er also Geldwertsicherungsklauseln an, so dürfte es eher gelingen, langfristige Anleihen beim Publikum unterzubringen. Bei gegebenen Ausgaben des Fiskus würde dabei die schwebende Schuld tendenziell verringert. Entweder könnte der Fiskus aus dem Erlös dieser Anleihen die kurzfristige Schuld bei der Notenbank ablösen, so daß tendenziell Geld stillgelegt wird, oder der Fiskus braucht zur weiteren Finanzierung seiner Ausgaben nicht in gleichem Umfange seine schwebende Schuld zu vergrößern, was tendenziell zu einer geringeren Ausdehnung des Geldumlaufs führen würde.

Tilgt der Fiskus aus dem Erlös der langfristigen wertgesicherten Anleihen auch die Schuld bei den Banken, so wird deren Liquidität verbessert. Diese können entweder Kredite in gleicher Höhe wieder vergeben, wobei der Fiskus als Schuldner von anderen Wirtschaftssubjekten abgelöst wird, oder sich gegenüber der Notenbank entschulden. Da der Fiskus wegen der Fundierung seiner kurzfristigen Schuld nicht mehr so stark an einem niedrigen Zins für kurzfristige Kredite interessiert ist wie bisher, kann die Notenbank u. U. erst dann ihren Refinanzierungszins heraufsetzen und tendenziell eine Verringerung des Geldumlaufs herbeiführen.

Dieser die Inflation tendenziell dämpfende Einfluß der Geldwertsicherungsklauseln durch die Fundierung der schwebenden Schuld des Fiskus, *sofern davon Gebrauch gemacht wird,* setzte sich dann durch, wenn die Wirtschaftssubjekte wegen der Geldwertsicherungsklauseln mehr Kredit anbieten und weniger nachfragen würden. Der Marktzins müßte tendenziell unter den Refinanzierungszins der Notenbank sinken und damit tendenziell Rückfluß von Geld zur Notenbank induzieren. Es dürfte also nicht anstelle der Geldschöpfung über Notenbankkredite an den Fiskus nun die Geldschöpfung über Notenbankkredite an Private treten.

Geldwertsicherungsklauseln vergrößern das *Kreditangebot* aus folgenden Gründen:

1. Wertgesicherte Kredite bieten eine Alternative zur „Flucht in die Sachwerte". Mittel, die bisher zum Kauf von Sachwerten verwendet wurden, werden als wertgesicherte Kredite angeboten. Die Sparneigung wird durch die Möglichkeit, das Risiko von Tauschwertänderungen des Geldes mit Hilfe der Geldwertsicherungsklauseln zu eliminieren, erhöht bzw. die Neigung zum Entsparen vermindert.
2. Den Gläubigern der wertgesicherten Kredite fließen im Vergleich zu den Gläubigern nichtwertgesicherter Kredite in Form von Zins- und Amortisationszahlungen mehr Mittel zu. Sie sind daher in der Lage, bei Wiederausleihen dieser Mittel mehr an Kredit anzubieten.

Die *Kreditnachfrage* vermindert sich aus folgendem Grunde:

Aus einer Beschleunigung der Inflation, also unerwarteten Tauschwertminderung des Geldes, können die Schuldner keine Inflationsgewinne mehr auf Kosten ihrer Gläubiger erwarten. In diesem Sinne sind für die Nachfrager, die mit einer weiteren Beschleunigung der Inflation rechnen, die Kreditkosten gestiegen.

Bei größerem Kreditangebot und geringerer Kreditnachfrage wird der Zins sinken. Hält die Notenbank ihren Refinanzierungszins trotzdem unverändert oder erhöht sie ihn sogar, müßte dies tendenziell zu einem Rückfluß von Geld zur Notenbank führen. Die umlaufende Geldmenge würde kleiner werden, da die Möglichkeiten der Geschäftsbanken zur Giralgeldschöpfung sich dann ebenfalls verringern.

Erfahrungsgemäß führt nun aber eine Inflation, die durch ein Etatdefizit des Fiskus verursacht ist, zu einer Entschuldung der Geschäftsbanken gegenüber der Notenbank[72]. Für das hier behandelte Problem ist daher weniger wichtig, daß auf diesem Wege der Geldumlauf tendenziell verringert werden könnte, als daß der Geldumlauf auf diesem Wege tendenziell *nicht ausgeweitet* wird.

Wie wird sich nun die Umlaufsgeschwindigkeit des Geldes[73] bei einer Beendigung der Inflation durch die Finanzierung eines Etatdefizits mit wertgesicherten Krediten anstelle von Notenbankkrediten verändern? Die Umlaufsgeschwindigkeit des Geldes ist bei einer Hyperinflation sehr groß. Da die Wirtschaftssubjekte eine Entwertung ihrer Kassenbestände fürchten, ist der Realwert der Kassenbestände sehr klein. Mit steigender Geschwindigkeit der Tauschwertminderung des Geldes werden die Abstände der Lohn- und Gehaltszahlungstermine immer kürzer.

Gelingt es nun, die Tauschwertminderung des Geldes aufzuhalten, und erwarten die Wirtschaftssubjekte keine weitere oder doch nur eine unbedeutende Tauschwertminderung des Geldes, so werden sie tendenziell

[72] Vgl. K. Elster, a. a. O., S. 430.
Die Reichsbank kaufte im Jahre 1913 für 11 740,1 Mill. RM an Inlandswechseln und Schecks an, 1918 dagegen nur für 2 069,6 Mill. RM. Der Rückgang des Wechselbestandes ist eklatant, wenn man bedenkt, daß im Jahre 1918 die Kaufkraft der Reichsmark gegenüber 1913 schon erheblich gesunken war.
Vgl. zu diesem Problem auch Wilhelm Lautenbach, Zins, Kredit und Produktion, Tübingen 1952. S. 109—113, wo er sich mit den kreditwirtschaftlichen Erscheinungsformen der Überliquidität auseinandersetzt.

[73] Genau genommen handelt es sich dabei um die Effektivität des Geldes $\frac{\text{Nominaleinkommen}}{\text{Geldmenge}}$ und nicht um die Umlaufgeschwindigkeit $\frac{\text{Umsätze}}{\text{Geldmenge}}$
Vgl. dazu M. V. Holtrop, Die Umlaufgeschwindigkeit des Geldes. In: Beiträge zur Geldtheorie. Hrsg. F. A. Hayek. Wien 1933. S. 128—130.

den Realwert ihrer Kassenbestände erhöhen wollen. Es wird der Geldbedarf der Volkswirtschaft steigen. Eine Stabilisierungspolitik würde durch diesen Effekt eine erhebliche Förderung erfahren.

Sofern von den Möglichkeiten der Geldwertsicherungsklauseln zur Finanzierung des Etatdefizits durch langfristige wertgesicherte Kredite anstelle von Notenbankkrediten Gebrauch gemacht wird, werden die Geldwertsicherungsklauseln wesentlich dazu beitragen, eine Hyperinflation zu beenden[74]. Keinesfalls kann behauptet werden, daß sie notwendigerweise die Inflation beschleunigen.

2. Die Wirkungen des Abzuges bei einer Deflation

Die Geldwertsicherungsklauseln verändern die Nominalschuld nach Maßgabe von Preisänderungen des Wertmaßstabes. Bei einer Deflation, die durch ein Steigen des Tauschwertes des Geldes gekennzeichnet ist, verringert sich daher die Nominalschuld bei wertgesicherten Krediten. Die Schuldner können bei einer Rückzahlung der wertgesicherten Kredite einen Abzug einbehalten. Dieser Abzug ist für die Schuldner grundsätzlich kein Gewinn, da sie ihre Nominaleinnahmen ebenfalls aus einem sinkenden Preisniveau beziehen.

Geldwertsicherungsklauseln korrigieren tendenziell, wie bei einer Inflation, die auftretenden Einkommens- und Vermögensverschiebungen. Bei einer Tauschwertsteigerung des Geldes steigt die Kaufkraft der unveränderten Nominalsumme eines nichtwertgesicherten Kredits. Der Schuldner muß in Gütern dem Gläubiger mehr zurückzahlen, als er bei der Hingabe des Kredits bekommen hat[75].

Für die während der Deflation aufgenommenen nichtwertgesicherten Kredite wird bei einer erwarteten Fortsetzung der Deflation ein Abschlag auf den Zins zu beobachten sein, d. h. deren Zins sinkt unter den Zins für

[74] Salomon Wolff, Die Indexanleihe als Notbehelf. In: Zeitschr. f. d. ges. Kreditwesen, Jg. 1957, S. 30: „Die in Frankreich herausgebrachten Indexanleihen haben zweifellos zur Belebung der Spartätigkeit und zur reichlicheren Kapitalversorgung der Wirtschaft und der Staatskasse beigetragen, wenn es auch schwerfällt, ihren Anteil an der Wiederaufrichtung des Kapitalmarktes genau zu bestimmen, da ihr Aufkommen zeitlich mit der Überwindung der Inflation zusammentrifft, die im Jahre 1952 von Pinay bewerkstelligt werden konnte."

[75] Für diese nichtwertgesicherten Kredite ist darüber hinaus — wenn der Deflation eine Inflation vorausgegangen ist — noch ein Bruttozins zu zahlen, der eine Tauschwertminderung des Geldes antizipiert.

wertgesicherte Kredite. Wollte man in der Zinsdifferenz zwischen wertgesicherten und nichtwertgesicherten Krediten erwartete Preissenkungen des Wertmaßstabes ausgleichen, müßte der Zins für nichtwertgesicherte Kredite unter Umständen geringer als 0 % werden. In diesem Falle wäre es für die potentiellen Anbieter von nichtwertgesicherten Krediten lohnender, Bargeldhorte zu halten. Ihr Kreditangebot würde ausfallen[76].
Grundsätzlich gilt dies auch für das Angebot an wertgesicherten Krediten. Wird jedoch auf längere Sicht mit einer Beendigung der Deflation gerechnet, so werden wertgesicherte langfristige Kredite eher angeboten als nichtwertgesicherte. Bei einem nichtwertgesicherten Kredit erhielten die Gläubiger auch weiterhin den während der Deflation zugestandenen niedrigen Zins, während sie anderenfalls später durch Auflösung ihrer Bargeldhorte oder aus den Rückzahlungen kurzfristiger Kredite langfristigen Kredit anbieten könnten, der einen erheblich höheren Zins einbringt. Diese tendenzielle Einschränkung des langfristigen Kreditangebots könnte durch Geldwertsicherungsklauseln gemildert werden, weil der Zins der wertgesicherten Kredite durch Tauschwertschwankungen des Geldes grundsätzlich nicht beeinflußt wird.
Diese Verknappung des langfristigen Kredits im Vergleich zu kurzfristigem Kredit ist durch Kredit aus ad hoc geschaffenem Geld nicht auszugleichen, da die Notenbank üblicherweise nur kurzfristige Kredite geben kann und auch die Banken mit Rücksicht auf ihre Liquidität aus der Giralgeldschöpfung stammende Mittel nicht langfristig ausleihen werden. Andererseits dürften zur Überwindung der Deflation gerade langfristige Investitionen beitragen, weil das aus diesen Investitionen folgende Angebot am Markt auf sehr viele der folgenden Perioden verteilt wird. Eine tendenzielle Verlängerung der Produktionsmenge wird durch eine Verknappung langfristigen Kredits gegenüber dem kurz- und mittelfristigen Kredit nicht gefördert.
Sofern die Deflation in einer geschlossenen Volkswirtschaft dadurch entsteht, daß ein als Geld umlaufendes Gut, bei einer Goldumlaufwährung z. B. Gold, immer knapper wird, werden ceteris paribus Geldwertsicherungsklauseln auf den Verlauf keinen Einfluß haben, da sie die Goldproduktion nicht beeinflussen können. Das Problem der Bargeldhorte ergibt sich gleichermaßen bei einer Goldumlaufswährung und bei einer Papierwährung mit Geldemission auf dem Kreditwege, so daß eine ge-

[76] Es müßte dabei berücksichtigt werden, daß die in einer Deflation zahlreicheren Konkurse und Zahlungseinstellungen die Gläubiger veranlassen werden, einen höheren Risikoaufschlag auf den Zins anzustreben.

sonderte Untersuchung der Beeinflussung der Bargeldhortung durch Geldwertsicherungsklauseln bei einer Goldumlaufwährung sich erübrigt.

Um die von den Geldwertsicherungsklauseln ausgehenden Tendenzen zu erfassen, ist es nicht notwendig, den Ursachen der Deflation im einzelnen nachzugehen, sondern es ist nur erforderlich, zu untersuchen, ob die Nachfrage nach Kredit unter dem Einfluß dieser Klauseln tendenziell steigen oder fallen wird. Eine Steigerung der Kreditnachfrage erleichterte die Geldemission auf dem Kreditwege, deren Verminderung erschwerte sie.

Bei einer Deflation ist die Tauschwertsteigerung des Geldes allein kein Motiv zum Horten von Bargeld, da Geldforderungen die gleiche Tauschwertsteigerung aufweisen. Dagegen führt die Tauschwertsteigerung zu einer Minderung der Zahlungsfähigkeit bzw. -willigkeit der Schuldner. Das Kreditausfallrisiko des Gläubigers steigt erheblich. Ein Horten auf seiten des potentiellen Gläubigers ist dann zu erwarten, wenn der Zins im Verhältnis zu diesem Risiko zu gering erscheint.

Erscheint es wegen der weiter erwarteten Tauschwertsteigerung des Geldes als lohnend, auf ein Kreditangebot zugunsten eines Bargeldhortes zu verzichten, so gilt dies gleichermaßen für beide Kreditformen. Wenn es sich aber um langfristige Kredite handelt, deren Laufzeit über die erwartete Dauer der Deflation hinausgeht, wird bei wertgesicherten Krediten eher ein Angebot zu erwarten sein als bei nichtwertgesicherten.

Die Nachfrager wertgesicherter Kredite brauchen aus der Tauschwertsteigerung des Geldes, soweit es den Realwert ihrer Schuld betrifft, keine Verluste zu erwarten. Die Wertsicherung von Krediten wird die Nachfrage tendenziell steigen lassen. Weiterhin entzieht die Rückzahlung fällig werdender wertgesicherter Kredite den Schuldnern wegen der Abzüge tendenziell weniger Liquidität. Die im Vergleich zu den Schuldnern nichtwertgesicherter Kredite bessere Liquiditäts- und Vermögenslage hebt die Kreditwürdigkeit. Wohl ist die Notwendigkeit, sich zu verschulden, gegenüber den Schuldnern nichtwertgesicherter Kredite nicht so dringend. Wenn jedoch die Schuldner nichtwertgesicherter Kredite wegen ihrer schlechten Liquiditäts- und Vermögenslage an Kreditwürdigkeit eingebüßt haben, wird ihre noch so dringende Kreditnachfrage nicht befriedigt werden, es sei denn, sie akzeptieren einen hohen Risikoaufschlag auf den Zins.

Von den Geldwertsicherungsklauseln geht also die Tendenz aus, bei Deflation das Kreditangebot insgesamt zu verringern, tendenziell aber das Angebot an langfristigem Kredit zu erhöhen. Auf der Nachfrageseite bewirkt die Eliminierung des Risikos der Tauschwertänderung des Kredits tendenziell eine Steigerung der Nachfrage. Daraus folgt die Tendenz zur Zinssteigerung, wobei allerdings langfristige Kredite tendenziell billiger werden.

Bei der Voraussetzung, daß das Geld allein auf dem Kreditwege in den Verkehr kommt, wird die Notenbank mit einer Herabsetzung ihres Refinanzierungszinses versuchen, mehr Kredit aus ad hoc geschaffenem Gelde zu vergeben. Da die Tendenz zu Bargeldhorten angenommen werden kann, muß die Notenbank ceteris paribus erheblich mehr Bargeld emittieren, auch deshalb, weil die Banken wegen des Strebens nach höherer Liquidität für ein bestimmtes Ausmaß an Giralgeldschöpfung jetzt mehr Bargeld benötigen. Wenn nun durch Geldwertsicherungsklauseln tendenziell eine Zinssteigerung eintritt, wird die Notenbank und auch die Banken in ihrem Streben unterstützt, den Geldumlauf durch Vergabe von Krediten mit ad hoc geschaffenem Gelde auszudehnen. Durch Geldwertsicherungsklauseln wird eine Deflation also nicht verschärft, sondern eher gemildert.

VI. Die Wirkungen der Geldwertsicherungsklauseln bei erwarteten Tauschwertänderungen des Geldes

Die Voraussetzung, daß eine Tauschwertänderung des Geldes erwartet wird, ist erfüllt, wenn sich der Tauschwert des Geldes über eine lange Zeit gleichmäßig ändert und die Wirtschaftssubjekte nach einiger Zeit die Geldillusion verlieren.

Da eine langanhaltende Deflation heutzutage wenig wahrscheinlich ist, soll hier nur auf die Inflation eingegangen werden.

Die Schuldner zahlen bei einer zutreffend erwarteten Tauschwertminderung des Geldes für wertgesicherte und nichtwertgesicherte Kredite insgesamt gleichviel an Zinsen und Amortisationen. Was die Schuldner der nichtwertgesicherten Kredite in Form eines höheren Zinses zu zahlen haben, zahlen die Schuldner wertgesicherter Kredite in Form eines Aufgeldes.

Nun wird von den Gegnern der Geldwertsicherungsklauseln angeführt, daß diese Klauseln das „Vertrauen in die Währung", also die Geldillusion[77], zerstören. Ist dies geschehen, käme es zu einer Beschleunigung der Inflation. Da dies eines der wichtigsten Argumente gegen die Geldwertsicherungsklauseln ist, kann sich die Untersuchung nicht nur darauf erstrecken, wie die Geldwertsicherungsklauseln wirken, wenn die Geldillusion bereits verloren ist; es muß vielmehr darauf eingegangen werden, welchen Anteil die Geldwertsicherungsklauseln am Verlust der Geldillusion haben und wie dieser Verlust der Geldillusion zu beurteilen ist.

1. Die Beeinflussung des Kreditangebots durch den Verlust der Geldillusion

Zuerst soll die Angebotsseite des Kreditmarktes untersucht werden. Vom Verlust der Geldillusion werden die einzelnen Wirtschaftssubjekte betroffen. Sagt man, daß in einer Volkswirtschaft die Geldillusion verloren gegangen ist, so meint man, daß der überwiegende Teil der Wirtschafts-

[77] Die Bezeichnung Geldillusion wird immer dann verwendet, wenn es auf die Unterscheidung zwischen Illusion des unveränderten äußeren Tauschwertes des Geldes und der Illusion der Identität von innerem und äußerem Tauschwert des Geldes nicht ankommt.

subjekte dieser Volkswirtschaft nicht mehr von der Geldillusion befangen ist.

Im vierten Kapitel wurden die beiden Stufen der Geldillusion unterschieden:

1. die Illusion des unveränderten äußeren Tauschwertes des Geldes und
2. die Illusion der Identität von äußerem und innerem Tauschwert des Geldes.

Der Verlust der *Illusion des unveränderten äußeren Tauschwertes des Geldes* bedeutet, daß den Wirtschaftssubjekten die Änderungen des äußeren Tauschwertes des Geldes bewußt werden. Die Gläubiger von Krediten erstreben daher entweder eine Geldwertsicherungsklausel, die den Nominalbetrag des Kredits entsprechend der Steigerung der Lebenshaltungskosten verändert, oder einen Zins für einen nichtwertgesicherten Kredit, der das Sinken des äußeren Tauschwertes des Geldes ausgleicht.

Für einen wertgesicherten Kredit erhöhte sich bei einer jährlichen Steigegerung der Lebenshaltungskosten um 3 % der Nominalbetrag des Kredits jährlich ebenfalls um 3 %. Dafür wäre aber bei zutreffenden Erwartungen der Zins um 3 % niedriger als der für einen entsprechenden nichtwertgesicherten Kredit. Insgesamt ist von den Schuldner bei zutreffenden Erwartungen für Zins und Amortisation für beide Kreditformen gleichviel zu zahlen.

Die Zinsdifferenz zwischen beiden Kreditformen setzt voraus, daß der Zins für nichtwertgesicherte Kredite höher ist als der erwartete Preisanstieg des Wertmaßstabes, weil sonst der Zins für wertgesicherte Kredite negativ wird. Der erwartete Preisanstieg des Wertmaßstabes — hier der Anstieg der Lebenshaltungskosten — markiert für die Kreditanbieter die Zinsuntergrenze. Ist der Zins für nichtwertgesicherte Kredite geringer als die erwartete Steigerung der Lebenshaltungskosten, ist der erwartete Realzins negativ. Es wird kein Kredit mehr angeboten.

Mit der Einführung von Geldwertsicherungsklauseln werden die Kredite zum Realzins gehandelt, daneben die nichtwertgesicherten Kredite zum Marktzins. Diese Gegenüberstellung zwingt jeden Anbieter, sich für die eine oder die andere Kreditform zu entscheiden. Viele Wirtschaftssubjekte, die bisher dem Problem der Tauschwertminderung des Geldes wenig Beachtung geschenkt haben, müssen sich nun überlegen, ob sie nichtwertgesicherte oder wertgesicherte Kredite bevorzugen. Auf diese Weise kann erst die Einführung von Geldwertsicherungsklauseln vielen die Tauschwertminderung des Geldes voll zum Bewußtsein bringen.

Ganz sicher aber ist, daß die Geldwertsicherungsklauseln der bequemere Weg sind, sich gegen die Folgen der Tauschwertminderung des Geldes zu schützen. Der Kauf von „Sachwerten" erfordert eine eingehende Marktkenntnis und eine zuverlässige Abschätzung der Preisveränderungen der „Sachwerte" im Verhältnis zu der Tauschwertminderung des Geldes und meistens auch erhebliche Mittel.

Zur Vereinbarung einer Geldwertsicherungsklausel bedarf es einer besonderen Marktkenntnis nicht, ja im Zweifel nicht einmal des vollständigen Verlustes der Geldillusion; schon die Imitation des Verhaltens anderer, die als erste eine Geldwertsicherungsklausel für ihre Kredite forderten, läßt sich die Wirtschaftssubjekte in bezug auf die Verwendung ihrer Ersparnisse so verhalten, als ob sie in vollkommener Einsicht in die Zusammenhänge die Geldillusion verloren hätten. Geldwertsicherungsklauseln werden durch Imitation als das bequemste Mittel, das Risiko von Tauschwertminderungen des Geldes zu eliminieren, weitere Verbreitung finden. Man kann also feststellen, daß Geldwertsicherungsklauseln zumindest die *Ausbreitung* des Verlustes der Geldillusion fördern[78].

Eine Beeinflussung des Angebots an Kredit und damit des Zinses von der Angebotsseite her ist so lange wenig wahrscheinlich, wie der Zins für nichtwertgesicherte Kredite noch einen als angemessen betrachteten Realzins erwarten läßt. Dies ist etwa der Fall, wenn bei einem Kapitalmarktzins von 6 % ein jährliches Sinken des äußeren Tauschwertes des Geldes in der Größenordnung von 2—3 % erwartet wird, was, so betrachtet, zu einer Realverzinsung von 3—4 % führen würde. Zu beachten ist allerdings, daß sich die Erwartungen hier auf Änderung des äußeren Tauschwertes des Geldes beziehen, also immer noch eine Illusion der Identität von innerem und äußerem Tauschwert des Geldes bei den Wirtschaftssubjekten vorhanden ist.

Geht nun die erwartete jährliche Minderung des äußeren Tauschwertes des Geldes über den bisher gezahlten Zins für nichtwertgesicherte Kredite hinaus, so führte der Verlust der Geldillusion zu einer tendenziellen Zins-

[78] Neben der Geldillusion kann es auch die Illusion einer besonderen Wertbeständigkeit eines Sachwertes, z. B. des Goldes, geben. Bleibt der Preis des Goldes als Folge einer Intervention unverändert, so liegt kein Grund vor, eine Geldwertsicherungsklausel zu verlangen, für die man als Wertmaßstab Gold wählen würde. Vielleicht ist dies eine Erklärung für das Verhalten der Sparer in den USA, die trotz 15jähriger Erfahrungen mit Preissteigerungen größtenteils ihre Spar- und Kapitalanlagegewohnheiten nicht geändert haben. Vgl. dazu George Katona, Die Macht des Verbrauchers. Düsseldorf u. Wien 1962. S. 284—285.

steigerung, weil die Kreditanbieter sich so lange zurückhielten, bis der Zins eine Höhe erreicht, die sie, gemessen an der Minderung des äußeren Tauschwertes des Geldes, keine Substanzverluste erwarten ließe.

Daß bei einer schnelleren Tauschwertminderung des Geldes die Wirtschaftssubjekte auch ohne Geldwertsicherungsklauseln einmal die Illusion des unveränderten äußeren Tauschwertes des Geldes verlieren, ist sicher. Geldwertsicherungsklauseln bewirken diesen Verlust der Illusion des unveränderten Tauschwertes des Geldes schneller, weil jeder bestrebt sein wird, seine Kredite wertzusichern, auch wenn er die Zusammenhänge nicht ganz übersieht.

Anders verhält es sich dagegen, wenn die Geldwertsicherungsklauseln die *Illusion der Identität von innerem und äußerem Tauschwert des Geldes* zerstören.

Wegen der seit mehr als hundert Jahren anhaltenden gesamtwirtschaftlichen Produktivitätssteigerungen in Deutschland und den übrigen Industrieländern ist der innere Tauschwert des Geldes erheblich schneller gesunken als der äußere Tauschwert. Sichtbar wird dies an einem Vergleich der Nominallohnsteigerungen mit der Steigerung des Preisindex der Lebenshaltungskosten.

Im Gegensatz zur Illusion des unveränderten äußeren Tauschwertes des Geldes ist die Illusion der Identität von innerem und äußerem Tauschwert des Geldes in Deutschland noch weit verbreitet. Für den Verlust dieser Illusion bestehen erst Ansätze.

a) In der Bundesrepublik werden die Renten der Sozialversicherung an die Änderung der Nominallöhne angepaßt. Wegen des fehlenden Anspruchs auf automatische Anpassung an die Preisänderungen des Wertmaßstabes handelt es sich um keine Geldwertsicherungsklauseln im Sinne der hier verwendeten Definition. Interessant ist aber der vorgesehene Wertmaßstab:

„(1) Bei Veränderung der allgemeinen Bemessungsgrundlage" (s. § 1255, Abs. 2 Reichsversicherungsordnung) „werden die Renten durch Gesetz angepaßt.

(2) Die Anpassung hat der Entwicklung der wirtschaftlichen Leistungsfähigkeit und der Produktivität sowie den Veränderungen des Volkseinkommens je Erwerbstätigen Rechnung zu tragen.[79]"

Die allgemeine Bemessungsgrundlage ist das durchschnittliche Bruttojahresentgelt aller Versicherten der Rentenversicherungen.

Demnach wäre der Wertmaßstab eine Stunde Arbeit[80] der durchschnittlichen Qualifikation aller Versicherten der Rentenversicherungen, würde also nicht dem idealen Wertmaßstab entsprechen. Außerdem enthält der Satz (2) weitere Ge-

[79] Vgl. Eichelsbacher-Aichberger, Reichsversicherungsordnung. München u. Berlin 1962 ff, Loseblattausgabe, S. 484 a u. 499.

[80] Solange die durchschnittliche Arbeitszeit unverändert bleibt.

sichtspunkte für die Anpassung der Renten. Immerhin kann man aber sagen, daß dieser Wertmaßstab dem idealen Wertmaßstab näher kommt als ein zur Errechnung von Änderungen des Lebenshaltungskostenindex verwendetes Warenbündel. Die alleinige Berücksichtigung des Satzes (1) würde sogar die Gefahr bedeuten, daß bei einer Steigerung der durchschnittlichen Qualifikation der Rentenversicherten der innere Tauschwert der gezahlten Renten stiege.

b) Der Stadtkämmerer von Wiesbaden schlug vor, als Kaufpreis für Grundstücke die Form einer wertgesicherten Rente zuzulassen, deren Nominalbetrag sich wie die Beamtengehälter oder Sozialrenten verändern solle.[81]

Dem Gesetzgeber kam es bei der Einführung der dynamischen Sozialrente weniger darauf an, den inneren Tauschwert der Renten unverändert zu erhalten als die Sozialrentner den Beamten gleichzustellen[82].

Wollte jemand seine Altersversorgung gegen Änderungen des Tauschwertes des Geldes in gleicher Weise sichern, wie dies für die Sozialrentner der Fall ist, böte ihm eine Geldwertsicherungsklausel mit einer Arbeitsleistung als Wertmaßstab das geeignete Instrument.

Man kann zwar nicht sagen, daß die Einführung von Geldwertsicherungsklauseln mit einem dem idealen Wertmaßstab nahekommenden Wertmaßstab die Illusion der Identität von innerem und äußerem Tauschwert des Geldes zerstört; dazu bedarf es einer Einsicht in die komplizierten Zusammenhänge. Geldwertsicherungsklauseln könne diese Einsicht nicht vermitteln.

Wenn jedoch die Gläubiger eine Arbeitsleistung als Wertmaßstab für Geldwertsicherungsklauseln fordern, so verhalten sie sich so, als ob sie die Illusion der Identität von innerem und äußerem Tauschwert verloren hätten. Für die volkswirtschaftlichen Wirkungen ist allein das Verhalten und nicht die Motive, die zu diesem Verhalten führen, wichtig.

Was wäre im Falle der Bundesrepublik die Folge?

In der Bundesrepublik Deutschland stieg der Bruttostundenverdienst von 1950 = 100 auf 209 im Jahre 1960.[83]

Ein mit einer Arbeitsleistung durchschnittlicher Qualifikation als Wertmaßstab ausgestatteter wertgesicherter Kredit mit dem Zins 0 % hätte von 1950 bis 1960 eine Nominalwertsteigerung auf das 2,09fache erfahren.

Hätte man im Jahre 1950 die gleiche Summe auf einem Sparkonto eingezahlt und

[81] Vgl. „Wertsicherungsklauseln?" In: Frankf. Allgem. Zeitung, 20. 7. 62, Nr. 166, S. 23.

[82] Vgl. dazu Ingo Schmidt, Auswirkungen der Rentenreform auf die Stabilität des Geldwertes. Berlin 1961. S. 101.

[83] Vgl. Statistisches Jahrbuch für die Bundesrepublik Deutschland 1961. Stuttgart 1961. S. 497.

die Zinsen stehen lassen, so wäre ein Zins von 7,66 % erforderlich gewesen, um im Jahre 1960 auf die gleiche 2,09fache Nominalsumme zu kommen.
Die an die Gläubiger gezahlten Zinssätze blieben aber in dieser Zeit fast ausnahmslos unter 7,66 %.[84]

Die Einführung von Geldwertsicherungsklauseln mit einer Arbeitsleistung als Wertmaßstab wird den Zins für nichtwertgesicherte Kredite tendenziell steigen lassen. Die Anbieter erstreben dann einen Zinssatz für ihre nichtwertgesicherten Kredite, der die erwartete Steigerung der Löhne übertreffen müßte. Sie würden sich nicht mehr damit begnügen, daß der Zins von 6 % am Kapitalmarkt ja immer noch die erwartete Steigerung des Lebenshaltungskostenindex übertrifft. Die Anbieter von Kredit werden die mit einer Arbeitsleistung als Wertmaßstab versehenen wertgesicherten Kredite so lange bevorzugen, bis der Zins für die nichtwertgesicherten Kredite eine den erwarteten Preisänderungen des Wertmaßstabes entsprechende Höhe erreicht hat.

Auf die Verhältnisse in der Bundesrepublik übertragen, führte der Verlust der Illusion der Indentität von äußerem und innerem Tauschwert des Geldes zu einer Tendenz zur Zinssteigerung von der Angebotsseite her, denn der Kapitalmarktzins von 6 % liegt unter der prozentualen Lohnsteigerung der letzten Jahre (1960: 9,3 % 1961: 10,3 %).[85]

Die Gläubiger erstreben ja nicht nur einen Ausgleich der Minderung des inneren Tauschwertes des Geldes, sondern auch eine reale Verzinsung. Sie kennen allerdings nicht die Höhe des Zinses, der ihnen nicht nur einen Ausgleich für die Tauschwertminderung des Geldes, sondern auch eine reale Verzinsung gewähren würde, die der entsprechen würde, die sie ceteris paribus ohne Inflation erhalten hätten. Sie kennen nur ihre Zinsuntergrenze, diejenige Zinshöhe, die Substanzverluste nicht entstehen läßt.

Als Ergebnis bleibt festzuhalten, daß die Geldwertsicherungsklauseln zur Ausbreitung des Verlustes der Geldillusion führen. Die Geldwertsicherungsklauseln sind das bequemste Instrument, sich vor den Folgen einer Tauschwertminderung des Geldes zu schützen. Nach der Einführung von Geldwertsicherungsklauseln ist hinsichtlich der Kreditgeschäfte mit einem Verhalten der Wirtschaftssubjekte zu rechnen, das dem nach dem restlosen Verschwinden der Geldillusion entspricht. Da nun allerdings wenigstens in der Bundesrepublik die Illusion des unveränderten äußeren

[84] Vgl. Statistisches Jahrbuch, a. a. O., S. 387—398.

[85] Steigerung der jahresdurchschnittlichen Bruttostundenverdienste in der gesamten Industrie (Männer und Frauen). Vgl. Statistisches Jahrbuch für die Bundesrepublik Deutschland 1962. Stuttgart 1962. S. 517.

Tauschwertes weitgehend verloren zu sein scheint, kann eine Zerstörung der Geldillusion durch Geldwertsicherungsklauseln nur noch die zweite Stufe betreffen, nämlich die Illusion der Identität von innerem und äußerem Tauschwert des Geldes. Hier genügt allein die Wahl der Stunde ungelernter Arbeit oder einer anderen Arbeitsleistung als Wertmaßstab, um — ohne tiefere Einsicht in die Zusammenhänge — ein Verhalten der Wirtschaftssubjekte herbeizuführen, das dem nach dem Verlust dieser Illusion entspricht. Der Zins wird von der Angebotsseite zum Steigen tendieren.

Bei den hier vorausgesetzten zutreffenden Erwartungen hinsichtlich der weiteren Tauschwertminderung des Geldes wird die Menge des Kreditangebots durch den Verlust der Geldillusion und der damit verbundenen Zinssteigerung tendenziell steigen. Die Zinsempfindlichkeit der Sparer ist allerdings nicht sehr groß[86]. Eine erhebliche Steigerung des Kreditangebots durch Geldwertsicherungsklauseln ist daher weniger wahrscheinlich als bei unsicheren Erwartungen, wo durch die Geldwertsicherungsklauseln das Risiko von Verlusten oder Gewinnen bei nicht zutreffenden Erwartungen eliminiert werden kann.

2. Die Beeinflussung der Kreditnachfrage durch den Verlust der Geldillusion

Im vorstehenden Abschnitt wurde gezeigt, daß der Verlust der Geldillusion bei den Kreditanbietern die Tendenz zu höheren Zinsforderungen auslöst. Welche Wirkungen hat der Verlust der Geldillusion auf die Kreditnachfrage? Von der Antwort auf diese Frage hängt es ab, ob die von den Kreditanbietern ausgehende Tendenz zur Zinssteigerung sich durchzusetzen vermag oder nicht.

Kredit wird zum Zwecke der Investition oder der Konsumtion nachgefragt.

Der Verlust der Geldillusion wird die Kreditnachfrage nach *Konsumkredit* tendenziell steigern, da die Schuldner merken, daß sie bisher an der Inflation gewonnen haben. Die Tendenz zur Zinssteigerung wird von dieser Seite eher gestützt als gehemmt[87].

[86] Vgl. Bernhard Wissmann, Die Zinsempfindlichkeit der deutschen Sparer. Berlin 1960. S. 140—141.
ferner Heiner Boehme, Geldwertbewußtsein und Sparerverhalten. Köln und Opladen 1960. S. 109—110.

[87] Die Veränderung der Kreditnachfrage nach Konsumkredit wird im weiteren vernachlässigt, da deren Berücksichtigung keine neuen Asepkte ergibt.

Der Verlust der Geldillusion löst bei der Nachfrage nach *Investitionskredit* zwei einander entgegenwirkende Tendenzen aus:

1. Mit dem Verlust der Geldillusion erkennen die Unternehmer Scheingewinne als Scheingewinne. Sie stellen fest, daß ihre realen Gewinne geringer sind, als sie bisher annahmen. Ihre Investitionsneigung und als Folge davon auch die Kreditnachfrage wird tendenziell geringer.
2. Der Verlust der Geldillusion läßt die Unternehmer die Rentabilität zinsempfindlicher Investitionen erkennen, die bisher für unrentabel gehalten wurden. Die Nachfrage nach Kredit wird daher tendenziell steigen.

Um den Zusammenhang zwischen diesen beiden Tendenzen herauszuarbeiten, ist deren Zustandekommen zu beschreiben.

Zu 1. Bei einer Inflation erzielen die Unternehmer Scheingewinne. Die Scheingewinne entstehen, weil der Markt den Unternehmern grundsätzlich den Wertverzehr an Kapitalgütern zum Tageswert vergütet, sie aber bei Geldillusion lediglich vom Anschaffungswert abschreiben. Die Differenz ist Scheingewinn, weil die angesammelten Abschreibungen vom Anschaffungswert für die Wiederbeschaffung gleichartiger Kapitalgüter nicht ausreichen werden[88].

Die Geldillusion hindert die Unternehmer, Scheingewinne als Scheingewinne zu erkennen. Sie betrachten die Scheingewinne als reale Gewinne. Dies wird sie veranlassen, eine Ausweitung der Produktion anzustreben, was Investitionen erforderlich macht. Soweit ihre eigenen Mittel dazu nicht ausreichen, werden sie Kredit nachfragen, besonders dann, wenn der Marktzins im Verhältnis zu ihren Ertragserwartungen niedrig ist. Die Nachfragekurve der Unternehmer nach Kredit ist daher bei Geldillusion gegenüber einem Zustand ohne Inflation nach rechts verschoben.

Geht nun die *Geldillusion verloren,* erkennen die Unternehmer, daß die Höhe ihrer realen Gewinne den bisherigen Investitionsumfang nicht rechtfertigen. Es ist auch möglich, daß die Scheingewinne herauskonkurriert worden sind, die Unternehmer also mit dem Verlust der Geldillusion feststellen müssen, daß sie mit realen Verlusten arbeiten. Die Investitionsneigung der Unternehmer wird tendenziell geringer, ihre Kreditnachfrage läßt dementsprechend nach, Mit dem Verlust der Geldillusion verschiebt sich die Nachfragekurve nach Kredit nach links.

[88] Es ist hierbei zu beachten, daß bestimmte Kapitalgüter durch Produktivitätsfortschritte trotz der Inflation nicht nur relativ, sondern auch nominell billiger werden können. Die Scheingewinne verschleiern in diesem Falle reale Verluste.

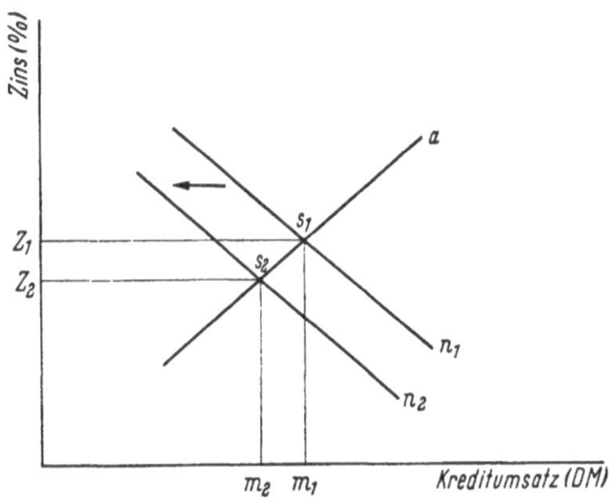

Marktbild 1

Im Marktbild 1 ist auf der Abszisse der umgesetzte Kredit in Geldeinheiten, auf der Ordinate der Zins in % abgetragen. Beim Bestehen der *Geldillusion* schneiden sich die Angebotskurve[89] a und die Nachfragekurve n_1 im Schnittpunkt s_1[90]. Bei einem Marktzins von z_1 wird m_1 DM Kredit umgesetzt.

Mit der Verschiebung der Nachfragekurve nach links als Folge des *Verlustes der Geldillusion* nach n_2 kommt es zum neuen Schnittpunkt s_2. Zum geringeren Marktzins von z_2 wird m_2 DM Kredit umgesetzt[91].

Es bleibt festzustellen, daß der Marktzins auf Grund der Tendenz 1 nach dem Verlust der Geldillusion tendenziell sinkt.

Zu 2. Die zweite Tendenz ist der ersten entgegengerichtet. Um den Zusammenhang zwischen diesen beiden Tendenzen zu beschreiben, wird wieder die *Geldillusion* bei den Unternehmern angenommen. Im Marktbild 2 ist also die Nachfragekurve wieder n_1 und der Marktzins z_1. Dieser Markt-

[89] Für die Kreditanbieter wird vorerst das Fortbestehen der Geldillusion angenommen.

[90] Die Bezeichnungen n_1 und s_1 sind gewählt worden, um anzudeuten, daß bereits Veränderungen gegenüber dem Gleichgewicht ohne Inflation stattgefunden haben.

[91] Diese Darstellung des Kreditmarktes ist bei einer Inflation insofern problematisch, weil die umgesetzten Kredite m_2 DM und m_1 DM verschiedene Tauschwerte der DM haben. Die Darstellung zeigt ein Sinken des Kreditumsatzes. Rechnete man dies jedoch auf Geldeinheiten mit einem unveränderten inneren Tauschwert des Geldes um, so wäre das Sinken der Kreditnachfrage größer, als dies die Darstellung wiedergibt. Diese Problematik soll aber zugunsten der Anschaulichkeit der Darstellung vernachlässigt werden.

zins z_1 wird wegen der durch die Geldillusion gesteigerten Kreditnachfrage der Unternehmer höher sein als in der gleichen Volkswirtschaft ohne Inflation.

Der Zins in der Volkswirtschaft ohne Inflation entspräche dem „natürlichen Zins", im Sinne der ersten Definition von Wicksell, als „jene Rate des Darlehnszinses ..., welche durch Angebot und Nachfrage festgestellt werden würde, falls man sich überhaupt keiner Geldtransaktionen bediente, sondern Realkapitalien in natura leihen würde"[92]. Diese Gleichsetzung ist möglich, da die Voraussetzung, es sei keine Inflation, bedeutet, daß vom Gelde keine Einflüsse ausgehen. Abweichungen aus nichtmonetären Gründen, etwa wegen eines unvollkommenen Wettbewerbs am Kreditmarkt, sollen hier vernachlässigt werden. Wenn im folgenden die Bezeichnung „natürlicher Zins" verwendet wird, so ist dies immer in dem obigen Sinne zu verstehen.

Bei Geldillusion werden sich die Unternehmer bei ihren Investitionsplanungen an dem höheren Marktzins z_1 — höher als der „natürliche Zins" — orientieren. Sie werden nur die Investitionen vornehmen, von denen sie eine höhere Rentabilität als den Marktzins z_1 erwarten.

Um die Wirkung dieser Erhöhung des Marktzinses auf die Investitionsplanungen bei Geldillusion erfassen zu können, *muß zwischen zinsempfindlichen und weniger zinsempfindlichen Investitionen unterschieden werden.* Die Erhöhung des Marktzinses wird, verglichen mit einem Zustand ohne Inflation, zu einer tendenziellen Zurückhaltung bei den zinsempfindlichen Investitionen führen. Es wird also auch weniger Kredit für zinsempfindliche Investitionen nachgefragt werden.

Ist der Marktzins bei einer jährlichen Tauschwertminderung des Geldes von 5 % beispielsweise 6 %, so werden bei Geldillusion alle Investitionen unterbleiben, von denen die Investoren nicht von Anfang an mindestens

[92] Knut Wicksell, Geldzins und Güterpreise. Jena 1898. S. 93. — Über die übrigen Definitionen des „natürlichen Zinses" bei Wicksell vgl. z. B. Karl Bode, Der natürliche Zinsfuß. Diss. Bern 1935. S. 9—21.
Die Zinsspanne im Sinne von Wicksell ist nicht die Differenz zwischen Marktzins und „natürlichem Zins", sondern die Differenz zwischen dem Marktzins und der antizipierten Ertragsquote der Unternehmer. Vgl. dazu Gunar Myrdal, Der Gleichgewichtsbegriff als Instrument der geldtheoretischen Analyse. In: Beiträge zur Geldtheorie. Hrsg. von F. A. Hayek, Wien 1933. S. 394.
Diese Unterscheidung wird notwendig, weil als Folge der Geldillusion „natürlicher Zins" und antizipierte Ertragsquote der Unternehmer nicht übereinstimmen werden, wie dies ohne Inflation bei vollkommener Voraussicht der Fall wäre.

eine Rentabilität von 6 % erwarten, obwohl der „natürliche Zins" vielleicht die Höhe von 3 % haben wird[93].

Der *Ausgleich* von Tauschwertminderungen des Geldes *durch einen erhöhten Zins wird immer,* wie im dritten Kapitel gezeigt wurde, die Zahlungen der Schuldner — in gleichbleibendem Tauschwert des Geldes gerechnet — so verschieben, daß sie zu *Beginn* der Kreditlaufzeit *mehr* und gegen *Ende* der Kreditlaufzeit *weniger* zahlen als ceteris paribus ohne Inflation. Im Laufe der Zeit verlieren die nominell gleichbleibenden Zahlungen der Schuldner immer mehr an Kaufkraft. Damit insgesamt ein Ausgleich für die Tauschwertminderung des Geldes erreicht werden kann, muß bei nominell gleichbleibenden Zahlungen zu Anfang der Kreditlaufzeit real mehr gezahlt werden, um die später geringeren realen Zahlungen auszugleichen.

Orientieren sich die Unternehmer bei ihren Investitionsplanungen bei Geldillusion an diesem über dem „natürlichen Zins" liegenden Marktzins, so ist gegenüber einem Zustand ohne Inflation die Erwartung einer höheren nominellen Rentabilität erforderlich, um sie zu Investitionen zu veranlassen. Sie wollen, getäuscht durch die Geldillusion, anfangs — in gleichbleibender Kaufkraft gerechnet — höhere Erträge erzielen als ceteris paribus ohne Inflation. Sie erkennen dabei nicht, daß sie anfänglich geringere Erträge oder gar nominelle Verluste — bei einer Kalkulation mit dem „natürlichen Zins" — später durch nominell höhere Gewinne kompensieren könnten.

Diese Täuschung durch die Geldillusion wird die Investitionsentscheidungen um so mehr beeinflussen, je kapitalintensiver die geplante Produktion ist und um so länger die Mittel gebunden werden — bzw. falls nicht mit eigenen Mitteln finanziert wird — je langfristiger die erforderlichen Kredite sein müssen.

Da bei steigender Kapitalausstattung einer Volkswirtschaft der Anteil der zinsempfindlichen Investitionen größer werden wird, kann diese Täuschung durch die Geldillusion Bedeutung erlangen, indem sie eine Verlängerung der Produktionsmenge tendenziell behindert[94].

Werden in dieser Weise bei Geldillusion die zinsempfindlichen In-

[93] Eine genaue Angabe läßt sich nicht machen, da bei Geldillusion, wie noch zu zeigen sein wird, der Marktzins eine Tauschwertminderung nicht ausgleichen wird.

[94] Am Beispiel der Wohnungswirtschaft wird dies besonders deutlich:
Bei einer schleichenden Inflation kann man für die Zukunft mit steigenden Nominalmieten rechnen, wenn ein bestimmter Prozentsatz des Nominalein-

vestitionen zugunsten weniger zinsempfindlicher zurückgestellt, wird nach einiger Zeit das Angebot an Gütern aus kapitalintensiven Produktionen, z. B. Mietwohnungen, tendenziell geringer, als wenn die Inflation unterblieben wäre. Es kommt im Laufe der Zeit zu einer *relativen Verteuerung dieser Güter gegenüber den anderen Gütern.*

Die Konsumenten, die bei der Verausgabung ihres Einkommens eine Maximierung ihres Nutzens anstreben, werden auf diese relative Verteuerung mit einer mengenmäßigen Einschränkung ihrer Nachfrage reagieren[95].

Bei Fortbestehen der Geldillusion kann daher der Marktzins niemals die Höhe erreichen, die eine Tauschwertminderung des Geldes ausgleicht. Ebenso kann aber der Zins bei einer Inflation und Geldillusion nicht für längere Zeit auf das Niveau des „natürlichen Zinses" sinken, weil bei einer Annäherung an das Niveau des „natürlichen Zinses" die zinsempfindlichen Investitionen trotz der Geldillusion zunehmend als rentabel angesehen werden, was im Verein mit den Scheingewinnen die Kreditnachfrage der Unternehmer anregen wird. Der Marktzins wird daher zwischen dem „natürlichen Zins" und dem Zins liegen, der eine Tauschwertminderung des Geldes ausgleichen kann.

Die Tendenz zu kürzeren Produktionsumwegen als in der gleichen Volkswirtschaft ohne Inflation wird bestehen bleiben, solange die Geldillusion vorhanden ist, d. h. es kommt zu einem vertikalen Ungleichgewicht in der Volkswirtschaft[96].

kommens für Miete ausgegeben wird. Die Aufwendungen für einen wertgesicherten Kredit könnten also bestritten werden. Bei zum Zeitpunkt der Investition gegebenen Baukosten wird ein Investor, der mit dem „natürlichen Zins", z. B. 3 % kalkuliert, wesentlich billiger anbieten als ein Investor, der mit dem Marktzins von vielleicht 6 % kalkuliert. Eine Kalkulation zum Marktzins von 6 % mag eine Investition von vornherein als unrentabel erscheinen lassen, weil die erforderlichen Mieten (s. freifinanzierter Wohnungsbau) nur von einem beschränkten Kreis von Nachfragern bezahlt werden können.
Eine Subventionierung der kapitalintensiven Produktion (Angebot von Wohnungen aus dem sozialen Wohnungsbau) kann die Tendenz zur Verkürzung der Produktionsumwege natürlich kompensieren.

95 Ohne Intervention müßte diese Tendenz auf die Dauer zu einer wesentlichen Einschränkung der nachgefragten Wohnfläche verbunden mit einer wenig dauerhaften Bauweise führen. Dafür richtete sich die Nachfrage der Konsumenten nach Gütern, deren Produktion weniger Kapital benötigt, die daher relativ billiger sind, z. B. Automobile.

96 Zum Begriff des vertikalen Ungleichgewichts vgl. Heinz Kolms, Marktwirtschaft und Wirtschaftspolitik. Frankfurt/Main 1958. S. 9, 13—14, 29, 30.

Kommt es nun durch die Einführung von Geldwertsicherungsklauseln zum *Verlust der Geldillusion,* so orientieren sich die Unternehmer bei ihren Investitionsplanungen nicht mehr am Marktzins. Die Geldwertsicherungsklauseln führen zu einer genauen Trennung zwischen dem Aufgeld, also der Aufwertung der Nominalschuld entsprechend der Tauschwertminderung des Geldes, und dem Zins als gleichbleibenden Prozentsatz von der so aufgewerteten Nominalschuld. Der Zins für wertgesicherte Kredite mit dem idealen Wertmaßstab enthält *keinen* Aufschlag zum Ausgleich von Tauschwertminderungen des Geldes, wie dies bei den nichtwertgesicherten Krediten der Fall ist. Der Zins für wertgesicherte Kredite ist niedriger als der Marktzins. Man könnte diesen Zins einen Realzins nennen. Allerdings bezeichnet Fisher[97] mit Realzins den um die jährlichen Minderungen des *äußeren* Tauschwertes des Geldes veränderten Marktzins. Hier geht es aber darum, vom Marktzins die jährlichen Minderungen des *inneren* Tauschwertes abzuziehen. Es soll daher die Bezeichnung *idealer Realzins* verwendet werden. Das Adjektiv „ideal" soll dabei andeuten, daß es sich um den Zins für wertgesicherte Kredite mit dem *idealen Wertmaßstab* handelt.

Die Unternehmer erkennen, daß sie bei der Kalkulation mit dem unter dem Marktzins liegenden idealen Realzins die Preise der Güter aus kapitalintensiven Produktionen unterbieten können, was eine entsprechende Nachfrage nach Kredit hervorrufen wird. Der Marktzins wird tendenziell steigen. Das hat zur Folge, daß nunmehr die weniger zinsempfindlichen Investitionen, die bei Geldillusion bevorzugt worden sind, zugunsten der zinsempfindlichen Investitionen tendenziell eingeschränkt werden.

Der *Verlust der Geldillusion* wird die Nachfragekurve der Unternehmer wegen der Aufdeckung der Rentabilität zinsempfindlicher Investitionen tendenziell nach rechts verschieben.

Das Marktbild 2 zeigt als Ausgangslage den Zustand des Marktbildes 1 vor der Linksverschiebung der Nachfragekurve als Folge des Erkennens der Scheingewinne (Tendenz 1). Die eben behandelte Tendenz 2 führt zu einer Verschiebung der Nachfragekurve nach rechts. Es ergibt sich der neue Schnittpunkt s_3. Der Marktzins steigt auf von z_1 nach z_3.

Die Rechtsverschiebung auf Grund der Tendenz 2 wird größer sein als die Linksverschiebung auf Grund der Tendenz 1, was sich aus folgender Über-

[97] Vgl. Irving Fisher, Die Zinstheorie, a. a. O., S. 36.

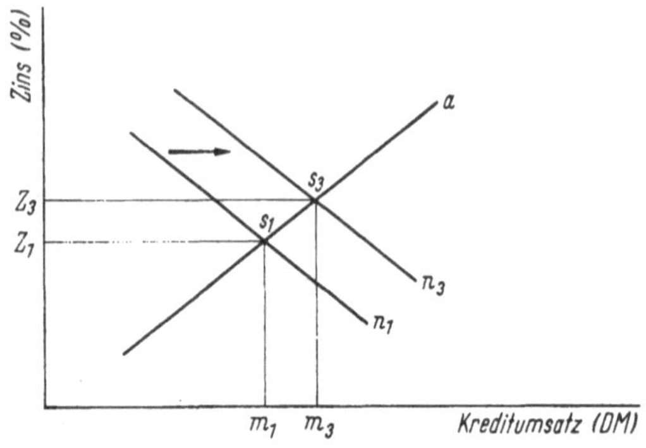

Marktbild 2

legung ergibt: Die Tendenz 2 geht von den zinsempfindlichen Investitionen aus. Eine bestimmte Zinsänderung — Übergang von der Kalkulation mit dem Marktzins zum idealen Realzins — wird die nachgefragte „Menge" an Kredit mehr steigen lassen als eine gleichgroße Zinsänderung — Anstieg des Marktzinses — die nachgefragte „Menge" an Kredit für weniger zinsempfindliche Investitionen auf Grund der Tendenz 1 einschränkt.

Die resultierende Nachfragekurve nach Kredit aus der Tendenz 1 und 2 wird daher gegenüber dem im Marktbild 1 eingezeichneten Ausgangsnachfragekurve nach rechts verschoben, wenn die Geldillusion verloren geht.

Die *Angebotskurve* wird, wie im Abschnitt 1 beschrieben, durch den Verlust der Geldillusion nach links verschoben. Das Marktbild 3 zeigt die

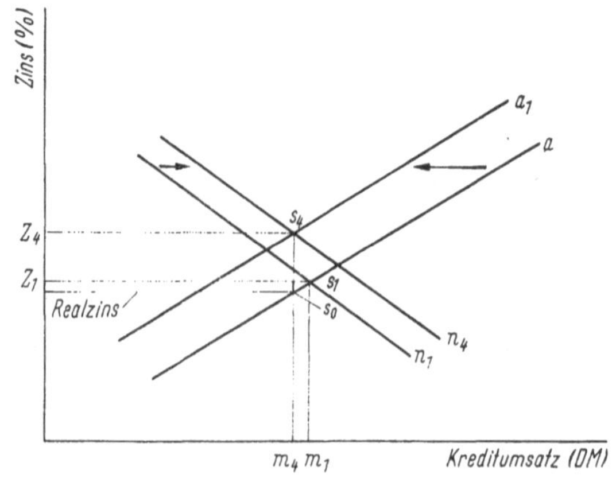

Marktbild 3

Zusammenschau der Veränderungen von Kreditangebot und Kreditnachfrage durch den Verlust der Geldillusion.

Gegenüber der Ausgangslage bei Geldillusion (Schnittpunkt s_1, Kreditumsatz m_1 DM zum Zins z_1) kommt es durch den *Verlust der Geldillusion* zu folgenden Änderungen:

Die Angebotskurve verschiebt sich nach links (a nach a_1), die Nachfragekurve nach rechts (n_1 nach n_4). Es ergibt sich der neue Schnittpunkt s_4. Es werden m_4 DM an Kredit umgesetzt zum Zins von z_4. Der Marktzins steigt von z_1 auf z_4.

Der Ordinatenabstand (S_0—S_4) der Angebotskurven a und a_1 zeigt die zutreffend erwartete jährliche Tauschwertminderung des Geldes. Um diesen Abstand muß der Marktzins über dem „natürlichen Zins" liegen, damit nach dem Verlust der Geldillusion gleichviel an Kredit angeboten wird wie im Zustand ohne Inflation. Die Nachfragekurve im Zustand ohne Inflation würde die Angebotskurve a in S_0 schneiden, denn der Verlust der Geldillusion läßt ebenfalls die gleiche Menge an Kredit nachfragen wie im Zustand ohne Inflation, wenn der Marktzins um die zutreffend erwartete Tauschwertminderung gestiegen ist. Zur Wahrung der Übersichtlichkeit wurde die Nachfragekurve n im Zustand ohne Inflation nicht eingezeichnet. Diese Nachfragekurve entspricht gleichzeitig der nach wertgesicherten Krediten mit dem idealen Wertmaßstab.

Um diesen Ordinatenabstand (S_0—S_4) liegt der ideale Realzins unter dem Marktzins. Es ist zu erwarten, daß sich der ideale Realzins bei vollständigem Verlust der Geldillusion nach einiger Zeit auf dem Niveau des „natürlichen Zinses" einpendelt. Jedenfalls bestehen, soweit es die monetäre Seite angeht, keine Gründe dagegen.

Die Orientierung der Investitionsplanungen am idealen Realzins setzt den Verlust der zweiten Stufe der Geldillusion, der Illusion der Identität von innerem und äußerem Tauschwert des Geldes, voraus und ferner zutreffende Erwartungen von Veränderungen des inneren Tauschwertes des Geldes. In der Realität werden zutreffende Erwartungen von Änderungen des inneren Tauschwertes des Geldes über mehrere Jahre und Jahrzehnte jedoch sehr selten sein. Zudem könnte durch wiederholte Erklärungen der Regierung, daß die Erhaltung der Geldwertstabilität unter allen Umständen gewährleistet sein wird, verhindert werden, daß aus dem Verlust der Geldillusion die notwendigen Konsequenzen für die Investitionsplanungen gezogen werden.

Dann aber gewinnen Geldwertsicherungsklauseln eine große Bedeutung. Mit Hilfe der Geldwertsicherungsklauseln mit dem idealen Wertmaßstab kann das Risiko von Verlusten — allerdings auch die Chance von Gewinnen — aus einer nicht zutreffenden Erwartung von Tauschwertänderungen des Geldes eliminiert werden. Soweit sich die Unternehmer mit wertgesicherten Krediten verschulden, können sie auch bei unsicheren Erwartungen hinsichtlich von Tauschwertänderungen des Geldes den Kalkulationen für kapitalintensive Produktionen den idealen Realzins zugrunde legen.

Exkurs: Die tendenzielle Veränderung des idealen Realzinses in Deutschland von 1850—1960.

Die folgende Abbildung 4 soll einen ungefähren Eindruck von den Veränderungen des idealen Realzinses in Deutschland von 1850 bis 1960 vermitteln. Dazu sind die prozentualen jährlichen Lohnänderungen der jeweiligen Höhe des Diskontsatzes gegenübergestellt. Die prozentualen Lohnänderungen zeigen — mit den Einschränkungen, die im vierten Kapitel angeführt wurden — die Veränderungen des inneren Tauschwertes der jeweiligen Geldeinheiten.

Da die Wechselwirkung zwischen den Änderungen des inneren Tauschwertes des Geldes und dem Zins gezeigt werden sollen, der Kapitalmarktzins aber wegen der oben dargelegten Gründe sehr träge auf Tauschwertänderungen des Geldes reagiert, mußte der Zins eines kurzfristigen Kredits eingezeichnet werden. Der Diskonsatz repräsentiert zwar nicht den „Zins", Änderungen des Diskontsatzes werden aber dennoch, wegen der Interdependenz der Zinssätze für unterschiedliche Kreditfristen[98], eine Vorstellung von den *Änderungen* des „Zinses" vermitteln. Der Kapitalmarktzins liegt jeweils einige Prozent über dem Diskontsatz. Aus diesem Grunde kann die Abbildung 4 nur einen ungefähren Eindruck von den *Veränderungen* des idealen Realzinses vermitteln.

Der ideale Realzins ist definiert als der *Marktzins abzüglich der jährlichen Veränderungen des inneren Tauschwertes des Geldes.* Der ideale Realzins für Wechselkredite betrug demnach z. B.

1875	+ 4,7 %	1928	+ 0,4 %
1876	+ 6,2 %	1929	+ 2,5 %
1877	+ 6,9 %	1930	+ 5 %
1926	— 4,2 %	1931	+ 13,7 %
1927	— 0,2 %	usw.	

[98] Vgl. Claus Köhler, Bestimmungsgründe der Schwankungen des langfristigen Zinses. In: Schmollers Jahrbuch, 82. Jg. (1962), S. 171—186.

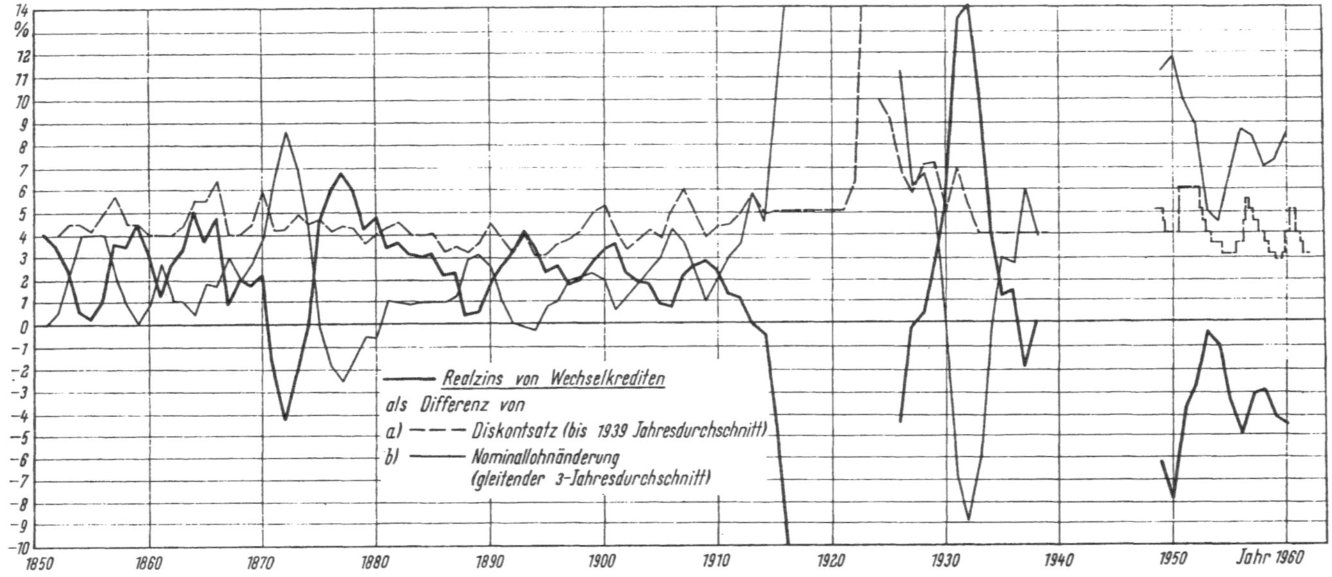

Abb. 4
Idealer Realzins von Wechselkrediten von 1850—1960 in Deutschland.

Quellen der verwendeten Zahlen:

Diskontsatz:

Arthur Spiethoff, Die wirtschaftlichen Wechsellagen, Bd. II: Lange statistische Reihen. Tübingen/Zürich 1955, Tafel 11 und 12. Statistische Jahrbücher für das Deutsche Reich und Statistische Jahrbücher für die Bundesrepublik Deutschland 1935 ff.

Lohnänderungen:

Friedrich Läge, a. a. O., S. 116—117. Statistische Jahrbücher für das Deutsche Reich 1912 ff. und Statistische Jahrbücher für die Bundesrepublik Deutschland 1950 ff. (Bruttostundenverdienste aller Arbeiter in der Industrie).

Aus der Abbildung 4 kann folgendes entnommen werden:
Überblickt man die ganze Zeit von 1850—1960, so ist ein tendenzielles Sinken des Realzinses zu erkennen. Deflationen (in der Zeit von 1875 bis 1880 und in der Zeit von 1930 bis 1934) und Inflationen mit erheblicher Tauschwertminderung des Geldes (in der Zeit von 1870 bis 1874 und nach 1914) äußern sich in einem starken Steigen bzw. Sinken des idealen Realzinses. Auf die langfristig sinkende Tendenz des idealen Realzinses wirkt sich dies jedoch verhältnismäßig wenig aus[99].

Das tendenzielle Sinken des idealen Realzinses kommt weniger im Sinken des Marktzinses zum Ausdruck als in einem Anstieg der jährlichen Minderung des inneren Tauschwertes des Geldes[100].

[99] Eine eingehende Untersuchung müßte den empirischen Nachweis für die These erbringen, daß der Zins mit in Relation zu den Produktionselementen Arbeit und Boden steigender Kapitalausstattung einer Volkswirtschaft sinkt. Im Rahmen dieser Arbeit muß diese Andeutung genügen.

[100] An und für sich hätte die oben beschriebene Tendenz zur Verkürzung der Produktionsumwege nur die Bedeutung, daß sie in einem monetären Konjunkturmodell erklärt, warum sich ein mit einer Inflation verbundener Konjunkturaufschwung in einen Konjunkturabschwung umkehrt. Will man aber mit Hilfe einer leichten Inflation die Hochkonjunktur konservieren, so ist folgendes zu prüfen:
Ist man in der Lage, mit dem gegebenen Instrumentarium an konjunkturpolitischen Mitteln auf die Dauer das auftretende Nachfragedefizit oder den „Konsumtionsrest" bei den Produktionen mit relativ geringem Kapitaleinsatz auszugleichen?
Und falls dies nicht mit Sicherheit angenommen werden kann, kann man gegebenenfalls den in diesen Produktionen auftretenden Schrumpfungsprozeß durch Umlenkung der Produktivkräfte in kapitalintensive Produktionen derart beherrschen, daß ein kumulativer Prozeß vermieden wird?
Die Politik der leichten Inflation könnte leicht in eine Sackgasse führen, indem wohl auf der einen Seite „Nachfrage geschaffen" wird, auf der anderen Seite über die eben beschriebene Tendenz aber auch ein Nachfragedefizit mit einiger Verzögerung entsteht.
Neben der Geldillusion der Investoren wirken noch weitere Erscheinungen in die Richtung einer Verkürzung der Produktionsumwege: 1. Verteuerung des Kapitaleinsatzes durch Besteuerung. 2. Erhöhung der Schuldzinsen durch mangelnden Wettbewerb im Bankwesen.
Durch die Entwertung der Geldforderungen der Konsumenten fällt darüber hinaus real gesehen tendenziell Nachfrage aus, wenn diese einmal von ihren Ersparnissen leben wollen. Dem steht entgegen, daß durch Zinssubventionen eine Verlängerung der Produktionsumwege (Wohnungswirtschaft, Landwirtschaft) gefördert wird und durch Geldschöpfung „Nachfrage entsteht". Es darf auch nicht vergessen werden, daß im Falle der Bundesrepublik Güter im

3. Führt der Verlust der Geldillusion zu einer Beschleunigung der Inflation?

Die Gegner der Zulassung von Geldwertsicherungsklauseln behaupten, daß die Einführung von Geldwertsicherungsklauseln eine Beschleunigung der Inflation hervorrufen wird.

Theoretisch verfügt die Notenbank in unserer Währungsordnung über die Möglichkeit, jede Inflation zu stoppen. Der Verlust der Geldillusion durch die Einführung von Geldwertsicherungsklauseln kann daher niemals mit *Notwendigkeit* eine Inflation induzieren oder beschleunigen. Es ist eine andere Frage, ob die Notenbank mit Rücksicht auf andere wirtschaftspolitische Ziele als das der Vermeidung der Inflation einer eventuell hervorgerufenen Inflationstendenz entgegenwirken will oder kann. Es könnte zu Zielkonflikten für die Notenbank kommen.

Ein wesentliches Ziel der allgemeinen Wirtschaftspolitik ist die Erhaltung oder Herbeiführung der Vollbeschäftigung. Soweit eine Unterbeschäftigung auf monetäre Ursachen zurückgeht, wird es das Ziel der Notenbank sein, mit den ihr zur Verfügung stehenden Mitteln dem entgegenzuwirken. Solange keine Inflation stattfindet, gehen vom Gelde grundsätzlich keine Einflüsse auf die Volkswirtschaft aus. Eine Tendenz zur Unterbeschäftigung aus monetären Gründen ist nicht zu erwarten. Es können sich keine Zielkonflikte der Notenbank einstellen.

Eine Tendenz zur Unterbeschäftigung aus monetären Gründen ist denkbar, wenn bei einer Inflation und Bestehen der Geldillusion besonders bei den Investoren die Produktionsumwege tendenziell kürzer werden als im Zustand ohne Inflation. Diese Tendenz wurde im zweiten Abschnitt dieses Kapitels eingehend beschrieben. Die Notenbank könnte vor die Wahl gestellt sein, entweder die Fortsetzung der Inflation zu dulden oder das Entstehen einer zeitweisen Arbeitslosigkeit in Kauf zu nehmen[101].

Durch die Einführung von Geldwertsicherungsklauseln und dem damit verbundenen Verlust der Geldillusion könnte man eine Verschärfung des Zielkonfliktes der Notenbank in dem Sinne befürchten, daß die Tendenz zur Arbeitslosigkeit größer wird, was die Notenbank unter Umständen veranlassen könnte, eine Beschleunigung der Inflation herbeizuführen.

Gegenwert der Devisenüberschüsse, also von mehr als 30 Milliarden DM, — volkswirtschaftlich gesehen — an das Ausland verliehen worden sind. Was geschieht, wenn diese Güter plötzlich einmal zurückfließen sollten?

[101] Vgl. dazu Wilhelm Fellner, der Kriseneffekt bei verringerter zusätzlicher Kaufkraftschöpfung. In: Zeitschrift für Nationalökonomie, Band VIII, Jg. 1937, S. 102.

1. Mit dem Verlust der Geldillusion steigt der Marktzins, was tendenziell zu weniger Investitionen führen wird.
2. Es geht die investitionsanregende Wirkung der Inflation verloren, weil nunmehr Scheingewinne als Scheingewinne erkannt werden.

Auf den ersten Blick könnte man eine Verschärfung des Zielkonfliktes annehmen. Der erste Blick täuscht aber, denn

3. werden sich die Unternehmer nach dem Verlust der Geldillusion bei ihren Investitionsplanungen am idealen Realzins orientieren. Ist dies geschehen, so ist die Ursache des Zielkonfliktes der Notenbank beseitigt. Es kommt ja nicht nur darauf an, wieviel investiert wird, sondern auch darauf, ob sich die Produktionsumwege verlängern oder nicht; mit anderen Worten, auf wieviele der folgenden Perioden sich der Kapazitätseffekt der Investitionen verteilt.

Der Zielkonflikt der Notenbank wird nach dem Verlust der Geldillusion also nicht verschärft, sondern *entschärft*. Man kann sogar weiter gehen und behaupten, daß die Einführung von Geldwertsicherungsklauseln mit dem idealen Wertmaßstab in der Realität die notwendige Vorbedingung für eine Notenbankpolitik ist, die das Ziel der Erhaltung der Vollbeschäftigung ohne wesentliche Tauschwertminderung des Geldes auf lange Sicht erreichen will, jedenfalls soweit es die monetäre Problematik angeht[102].

Sicher sind Anpassungsschwierigkeiten bei der Einführung von Geldwertsicherungsklauseln und dem Verlust der Geldillusion zu erwarten, weil die Unternehmer erst die Erfahrung machen müssen, daß es nicht zu Verlusten führt, wenn sie das Angebot aus kapitalintensiven Produktionen mit dem idealen Realzins kalkulieren. Sie werden anfangs argumentieren, daß sie bei zutreffenden Erwartungen ja genausogut mit dem Marktzins der nichtwertgesicherten Kredite kalkulieren könnten, weil sie insgesamt dann auch nicht mehr einnehmen. Der Denkfehler liegt aber darin, daß nicht nur der Ausgleich der Tauschwertminderung insgesamt wichtig ist, sondern auch die zeitliche Verteilung dieses Ausgleichs innerhalb der Zeitspanne, während der die Mittel in den Kapitalgütern gebunden sind. Es wurde im dritten Kapitel nachgewiesen, daß

[102] Dieser Zielkonflikt kann auch durch nichtmonetäre Ursachen entstehen, z. B. durch die Ausnutzung gewerkschaftlicher Macht zu allgemeinen Lohnsteigerungen. Die Regierung müßte nicht nur die nichtmonetären Ursachen dieses Zielkonfliktes beseitigen, sondern auch eine künstliche Verteuerung des Kapitaleinsatzes durch Besteuerung rückgängig machen. Notfalls müßten in der Übergangszeit Zinssubventionen für langfristige Investitionen gezahlt werden, wie dies ja heute schon geschieht.

eine Kalkulation mit dem Marktzins die Angebotspreise für Güter aus den kapitalintensiven Produktionen in den für die Planung der Investitionen entscheidenden ersten Jahren tendenziell höher werden läßt als im Zustand ohne Inflation. Dieser Teil der Geldillusion dürfte schwer zu beseitigen sein. Da die Geldwertsicherungsklauseln die Belastung der Schuldner wertgesicherter Kredite im Zeitablauf wieder dem Verlauf bei einem Zustand ohne Inflation anpassen, können die Geldwertsicherungsklauseln eine wesentliche Hilfe für die Überwindung dieses *entscheidenden Teiles der Geldillusion* sein.

Dieser Effekt der Geldwertsicherungsklauseln dürfte auch bei einer „importierten" Inflation, die von der Notenbank ohne Änderung des Wechselkurses nicht unterbunden werden kann, dazu beitragen, die auftretenden Fehlleitungen der Produktionselemente zu vermindern[103].

[103] Das Ausmaß der Tauschwertminderung des Geldes ist bei einer „importierten" Inflation durch das Ausmaß der „Unterbewertung" der eigenen Währung gegeben. Die Steigerung des inländischen Preisniveaus bewirken die Mechanismen des Zahlungsbilanzausgleichs. Vgl. dazu Alfred Kruse, Außenwirtschaft. Berlin 1958. S. 172—182.

VII. Das Ergebnis

Die Wirkungen der Geldwertsicherungsklauseln hängen wesentlich von dem verwendeten Wertmaßstab ab. Unterstellt man den Kontrahenten wertgesicherter Kreditverträge die Absicht, mit Hilfe der Geldwertsicherungsklauseln das Risiko von Tauschwertänderungen des Geldes zu eliminieren, so ist — mit den im vierten Kapitel angeführten Einschränkungen — die Stunde ungelernte Arbeit als Wertmaßstab zu empfehlen. Noch besser wäre es, wenn von der amtlichen Statistik die Änderungen des Preisindex der Produktionselemente errechnet und ähnlich den Änderungen des Preisindex der Lebenshaltungskosten bekannt gemacht werden. Dann könnte man die Aufgelder für wertgesicherte Kredite aus den Änderungen des Preisindex der Produktionselemente errechnen, für die Geldwertsicherungsklauseln also den idealen Wertmaßstab benutzen.

Geldwertsicherungsklauseln mit dem idealen Wertmaßstab führen bei Tauschwertänderungen des Geldes grundsätzlich nicht zu Einkommens- und Vermögensübertragungen zwischen den Schuldnern und Gläubigern, sondern verhindern diese. Die Schuldner und Gläubiger sind grundsätzlich so gestellt, als ob keine Tauschwertminderung des Geldes stattgefunden hätte. Geldwertsicherungsklauseln mit dem idealen Wertmaßstab führen daher im allgemeinen nicht zu unzumutbaren Belastungen der Schuldner. Dies schließt nicht aus, daß in Ausnahmefällen auch reale Verluste für die Schuldner entstehen können, es kann aber nicht zu einer Zahlungsunfähigkeit *aller* Schuldner wegen der Wertsicherung von Krediten kommen.

Mit Hilfe der Geldwertsicherungsklauseln wird nur das Risiko bezüglich der Tauschwertänderungen des Geldes für den Kredit eliminiert. Das Risiko der Zahlungsunwilligkeit oder -unfähigkeit der Schuldner besteht weiter. Es ist durchaus möglich, daß eine Zahlungsunwilligkeit der Schuldner mit dem Hinweis auf angeblich unzumutbare Belastungen durch die wertgesicherten Kredit begründet wird. Dann wird aber zum Vergleich die Lage von Schuldnern nichtwertgesicherter Kredite herangezogen, die sich bei einer Inflation zum Schaden ihrer Gläubiger entschulden konnten. Diese Argumentation vom Interessentenstandpunkt sollte nicht Veranlassung geben, auf eine grundsätzliche Unerfüllbarkeit von wertgesicherten Krediten bei einer Inflation zu schließen.

Dies könnte höchstens in den letzten Stadien einer Hyperinflation der Fall sein, wenn die Desorganisation der Volkswirtschaft weit fortgeschritten ist. Wenn der Schuldner bei Fälligkeit des wertgesicherten Kredits an den Gläubiger mit der Bitte um Stundung bis nach einer Stabilisierung herantritt, wird diese höchstwahrscheinlich gewährt werden. Was sollte der Gläubiger mit dem zurückgezahlten Geld anfangen, dessen Tauschwert vielleicht stündlich rapide sinkt?

Es kann ferner nicht behauptet werden, daß Geldwertsicherungsklauseln *notwendigerweise* eine Inflation induzieren oder beschleunigen. Dazu fehlt der direkte Einfluß auf die Geldschöpfung.

Ist die Inflation durch ein Etatdefizit des Staates verursacht, so bieten die Geldwertsicherungsklauseln die Möglichkeit, anstelle der Notenbankkredite Kredite beim Publikum aufzunehmen. Sofern von den Geldwertsicherungsklauseln zu diesem Zwecke Gebrauch gemacht wird, können sie wesentlich zu einer Beendigung der Inflation beitragen.

Weiter wurde ausgeführt, daß die Geldwertsicherungsklauseln mit dem idealen Wertmaßstab den Zielkonflikt der Notenbank zwischen den Zielen der Erhaltung der Vollbeschäftigung und der Vermeidung einer Inflation mildern und auf lange Sicht beseitigen werden, jedenfalls soweit dieser Zielkonflikt auf monetäre Ursachen zurückgeht.

Auf lange Sicht wird der größte Vorteil der Geldwertsicherungsklauseln in einer Förderung der Kapitalbildung liegen. Für die Sparer beseitigen sie das die Sparneigung verringernde Risiko aus Tauschwertänderungen des Geldes. Mit dem vollständigen Verlust der Geldillusion durch Geldwertsicherungsklauseln werden zinsempfindliche Investitionen gefördert, so daß nicht allein die Beseitigung des Risikos aus Tauschwertänderungen des Geldes die Nachfrage nach langfristigen Krediten tendenziell steigen läßt.

Die Nachteile der Geldwertsicherungsklauseln sind weniger grundsätzlicher als technischer Natur. Sie führen zu vermehrter Rechenarbeit.

Diese Rechenarbeit läßt sich aber einschränken. Einmal braucht man nur einen Wertmaßstab, den idealen Wertmaßstab, zuzulassen. Eine Fülle von Wertmaßstäben, oder gar Kreditformen, die nur einen Teil der Schuld wertsichern, den anderen dagegen nicht, verwirren nur. Bei dem Ausmaß der Tauschwertminderung des Geldes in der Bundesrepublik könnte man ferner vorsehen, daß Kredite nur dann mit einer Geldwertsicherungsklausel versehen werden dürfen, wenn die Kreditlaufzeit länger als drei Jahre ist. Die Kredite mit kürzeren Fristen als drei Jahre könnten dann als nichtwertgesicherte Kredite gehandelt werden, bei denen ein Ausgleich der Tauschwertminderung des Geldes über den Zins erfolgt. Damit entfiele die Rechenarbeit für den größten Teil der Kreditverträge.

Zu einem „einzigen Rechenbüro[104]" wird die Volkswirtschaft erst dann, wenn die Tauschwertminderung des Geldes sehr schnell verläuft, also in einer Hyperinflation. Es ist aber dabei schwierig zu unterscheiden, inwieweit die Rechenarbeit von den Geldwertsicherungsklauseln verursacht ist; denn mit dem Verlust der Geldillusion wird auch ohne Geldwertsicherungsklauseln nicht mehr in Geldeinheiten, sondern mit einem anderen Wertmaßstab gerechnet.

Insgesamt gesehen kann bei Abwägung der Vor- und Nachteile die Zulassung von Geldwertsicherungsklauseln empfohlen werden.

Diese Zulassung von Geldwertsicherungsklauseln setzt allerdings voraus, daß auch die Bewertungsvorschriften der Handels- und Steuergesetze geändert werden[105]. Die Bewertungsvorschriften unterstellen einen stabilen inneren Tauschwert des Geldes. Die Folge ist beispielsweise, daß Scheingewinne als Einkommen zu versteuern sind. Man muß die Bewertungsvorschriften dieser Gesetze den realen Gegebenheiten anpassen und eine Umwertung von Aktiva und Passiva nach den Preisänderungen des idealen Wertmaßstabes zulassen.

Die Zulassung von Geldwertsicherungsklauseln ist gerade auch dann zu empfehlen, wenn aus gesellschaftspolitischen Gründen eine Vermögensbildung in möglichst allen Schichten des Volkes erreicht werden soll. Dieses Ziel kann durch individuelles Sparen am ehesten verwirklicht werden; es müßten daher alle Hemmungen in Form der Befürchtung von Inflationsverlusten beseitigt werden. Die Zulassung von Geldwertsicherungsklauseln wäre ein Schritt auf diesem Wege.

[104] Vgl. Albert Hahn, Index-Illusion — Index-Folgen. a. a. O., S. 502.

[105] Vgl. Guy Arvidsson, Should we have Index-loans? In: Inflation, ed. by D. C. Hague. London-New York 1962. S. 114.

Literatur

Albers, Willi: Ökonomische Wirkungen der Rentenreform. In: Finanzarchiv, Bd. 18, Jg. 1957/58.

Arndt, Erich: Zur Problematik der Indexlöhne. In: Wirtschaftsordnung u. Wirtschaftspolitik ohne Dogma. Düsseldorf-Stuttgart 1954.

ders.: Theoretische Grundlagen der Lohnpolitik. Tübingen 1957.

Arvidsson, Guy: Betrachtungen über indexgebundene Anleihen. In: Skandinaviska Banken, Jg. 40 (1959).

ders.: Should we have Index Loans? In: Inflation, ed. by D. C. Hague, London-New York 1962.

Behrens, Walter G.: Das Geldschöpfungsproblem. Jena 1928.

Bendixen, Friedrich: Geld und Kapital — Gesammelte Aufsätze. Jena [3]1922.

ders.: Das Wesen des Geldes. München-Leipzig [4]1926.

Bengt, Paul: Finnland in ernsten Schwierigkeiten. In: Die Zeit, 12. Jg. Nr. 13, 28. 3. 57.

Erster *Bericht* des Auschusses für Preise, Produktivität und Einkommen (Cohen-Ausschuß), auszugsweise Übersetzung, hrsg. von der Gemeinschaft zum Schutz der deutschen Sparer. Bonn 1958.

Beutner, W., u. a.: Geldwert und Indexzahlen. Berlin [3]1925.

Bilimovic, Alexander: Zum Problem des „neutralen" Geldes. In: Zeitschrift für Nationalökonomie, Jg. V (1935).

Bode, Karl: Der natürliche Zinsfuß. Diss. Bern 1935.

Böhm, Hans-H.: Preisgleitklauseln — Symptom der Inflation? In: Zeitschrift für Betriebswirtschaft, 28. Jg. (1958).

Böhm-Bawerk, Eugen von: Kapital und Kapitalzins. 4., unveränderte Auflage. Meisenheim-Glan 1961.

Böhme, Heiner: Geldwertbewußtsein und Sparverhalten. Köln-Opladen 1960.

Braeutigam, Harald: Konjunkturpolitik und neutrales Geld. In: Schmollers Jahrbuch, 78. Jg. (1958).

Budge, Siegfried: Gibt es einen inneren Geldwert? In: Wirtschaft und Gesellschaft, Festschrift für Franz Oppenheimer. Frankfurt/M. 1924.

ders.: Lehre vom Geld, Band I_1: Wesen und Wert des Geldes. Jena 1931.

Cassel, Gustav: Theoretische Sozialökonomie. Erlangen-Leipzig [3]1923.

Clausen, Wilhelm: Goldmünzen und Goldbarren als Geldanlage. München [2]1958.

Closs, Heinz: Ein Index-Gewinnplan in der Lebensversicherung. In: Versicherungswirtschaft, Jg. 1952.

Crosara, A. A.: Zur Definition von Inflation und Deflation auf den Märkten bei entwickeltem Kredit. In: Zeitschr. f. Nationalökonomie, Bd. XIV (1954).

Denkschrift (des Reichstages) über die selbsttätig gleitende Gehalts- und Lohnskala. Berlin 1922.

Duden, Konrad: Empfehlen sich gesetzliche Bestimmungen über die Wertsicherung? Tübingen 1953.

Dürkes, Werner: Die Auswirkungen von Wertsicherungsklauseln aus der Zeit vor der Währungsreform auf heute noch laufende Rentenverträge. In: Betriebsberater, Jg. 1959.
ders.: Wertsicherungsklauseln. Heidelberg [5]1961.

Edelmann, Klaus M. F.: Die Wertsicherung der französischen Anleihen. In: Österreichisches Bank-Archiv, 6. Jg. (1958).
Egle, Walter: Zur Frage des „neutralen" Geldes. In: Zeitschrift für Nationalökonomie, Jg. IX (1939).
ders.: Das neutrale Geld. Jena 1933.
Ehrlicher, Werner: Geldkapitalbildung und Realkapitalbildung. Tübingen 1956.
Eichelsbacher-Aichberger: Reichsversicherungsordnung. München-Berlin, Loseblattausgabe.
Elster, Karl: Von der Mark zur Reichsmark. Jena 1928.
Engelmann, K.: Die Berücksichtigung von Geldwertschwankungen im betrieblichen Rechnungswesen. In: Zeitschr. f. handelswiss. Forschung, 4. Jg. (1952).
Eucken, Walter: Kapitaltheoretische Untersuchungen. Tübingen-Zürich [2]1954.
ders.: Die Ursachen der potenzierten Wirkung des vermehrten Geldumlaufs auf das Preisniveau. In: Jahrbücher für Nationalökonomie und Statistik, 125. Bd. (1926).

Fanno, Marco: Die reine Theorie des Geldmarktes. In: Beiträge zur Geldtheorie. Wien 1933.
Fellner, Wilhelm: Der Kriseneffekt bei verringerter zusätzlicher Kaufkraftschöpfung. In: Zeitschrift f. Nationalökonomie, Bd. VIII (1937).
Fellner, William: Amerikanische Erfahrungen mit der Lohninflation in den fünfziger Jahren. Tübingen 1962.
Fisher, Irving: Die Illusion des Geldes. Berlin o. J.
ders.: Die Kaufkraft des Geldes. Berlin-Leipzig 1922.
ders.: Der schwankende Geldwert. Berlin 1924.
ders.: Die Zinstheorie. Jena 1932.
ders.: Feste Währung. Heidelberg [2]1948.
Flaskämper, Paul: Theorie der Indexzahlen. Berlin 1928.
Fögen, H.: Bedeutung, Anwendungsbereich und Grundsätze für die Anwendung von § 3 Satz 2 des Währungsgesetzes („Sachwertklauseln"). In: Betriebsberater, 13. Jg. (1958). S. 1259—67.
Föhl, Carl: Geldschöpfung und Wirtschaftskreislauf. München-Leipzig 1937.
Forstmann, Albrecht: Volkswirtschaftliche Theorie des Geldes. Bd. I: Allgemeine Geldtheorie. Berlin 1943. Bd. II: Monetäre Ökonomie. Berlin 1955.
ders.: Geld und Kredit. Göttingen 1952.
ders.: Zur monetären Gleichgewichtsproblematik. In: Schmollers Jahrbuch, 67. Jg. (1943 II),
ders.: Zur Frage einer Erneuerung der Geldtheorie. In: Finanzarchiv, Bd. 14 NF (1953/54).
Fricke, Rolf: Schuldenabwertung als wirtschafts- und konjunkturpolitisches Problem. Berlin 1932.

Gabriel, Siegfried: Indexlöhne monetär gesehen. In: Zeitschrift für das gesamte Kreditwesen. 5. Jg. (1952).
Gadolin, Axel von: Finnische Außenhandels- und Währungsprobleme. In: Wirtschaftsdienst, Jg. 1954.

ders.: Finnland — Inflations- und Index-Schule. In: Zeitschrift für das gesamte Kreditwesen, 10. Jg. (1957).
ders.: Die Kapitalmärkte der nordischen Inflationsländer. In: Zeitschrift für das gesamte Kreditwesen, 11. Jg. (1958).
ders.: Der Zins als „Schallmauer" der Inflation. In: Zeitschrift für das gesamte Kreditwesen, 15. Jg. (1962).
Gaettens, Richard: Inflationen. München 1955.
Gerloff, Wilhelm: Die Enstehung des Geldes und die Anfänge des Geldwesens. Frankfurt/M. [3]1947.
Gestrich, Hans: Kredit und Sparen. Jena 1944.
Girnth, Walter: Geldanlagen. Wie? Wann? Wo? Köln 1959.
Gossen, Hermann H.: Entwicklung der Gesetze des menschlichen Verkehrs und der daraus fließenden Regeln für menschliches Handeln. Berlin [2]1927.
Grünig, Ferdinand: Der Wirtschaftskreislauf. München 1933.

Haberler, Gottfried: Die Kaufkraft des Geldes und die Stabilisierung der Wirtschaft. In: Schmollers Jahrbuch, 55. Jg. (1931).
ders.: Der Sinn der Indexzahlen. Tübingen 1927.
ders.: Prosperität und Depression. Tübingen-Zürich 1955.
Hahn, Albert: Volkswirtschaftliche Theorie des Bankkredits. Tübingen [3]1930.
ders.: Geld und Kredit. Frankfurt/M. 1960.
ders.: Zur Frage des sogenannten „Vertrauens in die Währung". In: Archiv für Sozialwissenschaft und Sozialpolitik, Bd. 52 (1924).
ders.: Index-Illusionen — Index-Folgen. In: Zeitschrift für das gesamte Kreditwesen, 10. Jg. (1957).
ders.: Autonome Konjunkturpolitik und Wechselkurs-Stabilität. Frankfurt/M. 1957.
ders.: Gedanken zur nächsten Depression. In: ORDO, Bd. 13 (1962).
ders.: Zwischen Inflation und Arbeitslosigkeit. Frankfurt/M. 1958.
Handwörterbuch der Sozialwissenschaften. Stuttgart-Tübingen-Göttingen 1956 ff.
Handwörterbuch der Staatswissenschaften. Jena [3]1909—1911.
dass.: Jena [4]1923—1929.
Hansen, Bent: A study in the Theory of Inflation. New York 1952.
Hawtrey, R. G.: Money and Index-Numbers. In: Readings in Monetary Theory. London 1952.
Hayek, Friedrich A.: Über „neutrales Geld". In: Zeitschrift f. Nationalökonomie, Jg. IV (1933).
ders.: Das intertemporale Gleichgewichtssystem der Preise und der Bewegungen des „Geldwertes". In: Weltwirtschaftliches Archiv, Bd. 28 (1928).
ders.: Preise und Produktion. Wien 1931.
ders.: Gibt es einen Widersinn des Sparens? Wien 1931.
Heckscher, Eli F.: David Davidson. In: International Economic Papers Nr. 2, London-New York 1952.
Henn, Rudolf: Über dynamische Wirtschaftsmodelle. Stuttgart 1957.
Hermann, Friedr. B. v.: Staatswirtschaftliche Untersuchungen. München [2]1874.
Herrmann, Franz-L.: Zins und Investition. Eine Untersuchung über Wasserkraftwerke. Diss. München 1960.
Himmelmayer, F. E.: Die Wertsicherungsklauseln in Österreich. Diss. Wien 1949, Hochschule für Welthandel.
Hintner, O.: Geldwertrisiko und Investitionsanleihen. In: Österreichisches Bank-Archiv, 6. Jg. (1958).
Hofmann, Werner: Die säkulare Inflation. Berlin 1962.

Holtrop, Marius W.: Über die Deutung monetärer Erscheinungen. In: Weltwirtschaftliches Archiv, Bd. 79 (1957).
ders.: Die Umlaufsgeschwindigkeit des Geldes. In: Beiträge zur Geldtheorie. Wien 1933.
Horn, Adam: Das Zeitmoment in der Wert- und Einkommenstheorie. In: Jahrbücher für Nationalökonomie und Statistik, 167. Bd. (1955).
ders.: Der Zins in der stationären Wirtschaft. Beitrag zu einer allgemeinen Theorie des Zinses. In: Jahrbücher für Nationalökonomie und Statistik, 168. Bd. (1956).
Index- und Preisgleitklauseln. In: Der wissenschaftliche Beirat beim Bundeswirtschaftsministerium, 5. Bd: Gutachten vom Januar 1957 bis März 1961. Göttingen 1961.

Statistisches *Jahrbuch* der Bundesrepublik Deutschland 1961, Stuttgart 1961, und 1962, Stuttgart 1962.
Jöhr, Walter Adolf: Theoretische Grundlagen der Wirtschaftspolitik. Bd. II: Die Konjunkturschwankungen. Tübingen-Zürich 1952.
Johne, Günter: Die Wirkung einer Regulierung der Löhne auf Grund eines Index der Lebenshaltungskosten in der Vollbeschäftigung. Dipl.-Arb. FU 1953.

Kamitz, Reinhard: Über die Wirkung des Hortens. In: Zeitschrift für Nationalökonomie, Bd. VIII (1937).
Katona, George: Das Verhalten der Verbraucher und Unternehmer. Tübingen 1960.
ders.: Die Macht des Verbrauchers. Düsseldorf-Wien 1962.
ders.: Neue Kennzeichen der Inflation in den USA. In: Hamburger Jahrbuch für Wirtschafts- und Gesellschaftspolitik. Tübingen 1960. 5. Jg.
Kerschagl, Richard: Anwendung und Recht der Wertsicherungsklauseln in Österreich. Wien 1953.
ders.: Das Versicherungsproblem und die Wertsicherungsklauseln in Österreich. In: Deutsche Versicherungszeitschrift, Jg. 1953.
Kerschagl, Richard: Wertsicherungsklauseln in Österreich. In: Zeitschrift für das gesamte Kreditwesen, 6. Jg. (1953).
ders.: Wertsicherungsklauseln in Österreich. In: Zeitschrift für das gesamte Kreditwesen, 6. Jg. (1953).
ders.: Probleme des Marktes für langfristige Geldanlagen. In: Österreichisches Bank-Archiv, 6. Jg. (1958).
Keynes, John Maynard: Allgemeine Theorie der Beschäftigung, des Zinses und des Geldes. München-Leipzig 1936.
ders.: Ein Traktat über Währungsreform. München-Leipzig 1924.
Köhler, Claus: Bestimmungsgründe der Schwankungen des langfristigen Zinses. In: Schmollers Jahrbuch, 82. Jg. (1962).
Köhler, Horst, Jac.: Der Begriff „Geldmenge" und seine Problematik. Berlin 1960.
Kolms, Heinz: Finanzwissenschaft, Bd. 1—3. Berlin 1959—62.
ders.: Martkwirtschaft und Wirtschaftspolitik. Frankfurt/M. 1958.
Koopmans, Johan G.: Zum Problem des „neutralen" Geldes. In: Beiträge zur Geldtheorie. Wien 1933.
Korner, Emil: Entdeckung des wertbeständigen Geldes. Berlin 1961.
Koyck, L. M.: Distributed Lags and Investment Analysis. Amsterdam 1954.
Kraus, Emil: Inflation, Valuta, Preis, Lohn 1914—1924. Mannheim 1924.

Kraus, Otto: Bemerkungen zum Kapitalzinsproblem. In: Finanzarchiv, Bd. 12 NF (1950/51).
Kraus, Willi: Wirtschaftswachstum und Gleichgewicht. Frankfurt/M. 1955.
Krelle, Wilhelm: Der Zins in der Naturaltauschwirtschaft, Geld- und Kreditwirtschaft. In: Finanzarchiv, Bd. 12 (1950/51).
ders.: Der Zins in der Geld- und Kreditwirtschaft. In: Finanzarchiv, Bd. 12 1950/51).
ders.: Investitionsquote — Wachstumrate, Kapazitätsausnutzung und Disproportionalitäten in der fortschreitenden Wirtschaft. In: Jahrbücher für Nationalökonomie und Statistik, Bd. 166 (1954).
Kröll, Michael: Kapital und Geld in klassischer und moderner Sicht. In: Jahrbücher für Nationalökonomie und Statistik, Bd. 166 (1954).
Kruse, Alfred: Außenwirtschaft. Berlin 1958.
ders.: Technischer Fortschritt und Arbeitslosigkeit. München-Leipzig 1936.
ders.: Geschichte der volkswirtschaftlichen Theorien. Berlin [4]1959.
ders.: Der Mittelstandskredit. Jena 1941.

Läge, F. K.: Die säkulare Inflation. Frankfurt/M. 1959.
Lampe, Adolf: Zur Theorie des Sparprozesses und der Kreditschöpfung. Jena 1926.
Landauer, Karl: Grenzen und Gefahren der Goldmarkrechnung. In: Archiv für Sozialwissenschaften und Sozialpolitik, 51. Bd. (1954).
Lautenbach, Wilhelm: Zins, Kredit und Produktion. Tübingen 1952.
Lechner, Hans H.: Marktwirtschaftliche Theorie des neutralen Geldes. Berlin 1959.
Lindahl, Erik: Das Spiel mit dem Geldwert. In: Weltwirtschaftliches Archiv, Bd. 87 (1961).
ders.: Studies in the theory of money and capital. London 1950.
ders.: The Problem of Fixing a Norm for the Value of Money. In: Inflation, ed. by D. C. Hague, Lodon-New York 1962.
Lüdecke, Horst: Zur Problematik der automatischen Lohnregulierung an Hand des Lebenshaltungskostenindex. Diplomarbeit FU 1953.
Lukas, Eduard: Aufgaben des Geldes. Stuttgart-Berlin 1937.
Lukarsch, Gerhard: Kapitalanlage-Politik der privaten Lebensversicherungsunternehmen im Hinblick auf die Erstellung Kaufkraft-äqualanter Versicherungsleistungen. Berlin 1959.
Lundberg, Erik: Die Möglichkeiten der Geldpolitik. In: Skandinaviska Banken, Jg. 42 (1961).
ders.: „Natürliche" Zinshöhe und Kapitalknappheit. In: Skandinaviska Banken, Jg. 38 (1957).
Lutz, Friedrich A.: Die Gefahr der chronischen Inflation. In: Wirtschaftsfragen der freien Welt. Frankfurt/M. 1957.
ders.: Das Grundproblem der Geldverfassung.. Stuttgart-Berlin 1936.
ders.: Inflationsgefahr und Konjunkturpolitik. In: Schweizerische Zeitschrift für Volkswirtschaft und Statistik, 93. Jg. (1957).
ders.: Zinstheorie. Zürich-Tübingen 1956.

Machlup, Fritz: Börsenkredit, Industriekredit und Kapitalbildung. Wien 1931.
Malthus, T. R.: Grundsätze der politischen Ökonomie (nach der 2. Auflage übersetzt). Berlin 1910.

Maus: Anleiheformen unter dem Einfluß der Geldentwertung. Leipzig 1925. 4. Bd. der Ergänzungshefte der Zeitschrift für handelswissenschaftliche Forschung.

Meimberg, Rudolf: Der Geldwert im Widerstreit der Interessen. Frankfurt/M. 1961.

Menger, Carl: Grundsätze der Volkswirtschaftslehre, hrsg. von Richard Menger. Wien-Leipzig ²1923.

ders.: Schriften über Geldtheorie und Währungspolitik. London 1936.

Mises, Ludwig: Theorie des Geldes und der Umlaufsmittel. München-Leipzig ²1924.

ders.: Geldwertstabilisierung und Konjunkturpolitik. Jena 1928.

Monatsberichte der Deutschen Bundesbank. Frankfurt/M. Dez. 1961.

Muhs, Karl: Wertbeständige Kapitalanlagen. In: Jahrbücher für Nationalökonomie und Statistik, 120. Bd. (1923).

ders.: Preispolitik und Preiskalkulation unter den Einwirkungen der Geldentwertung. Jena 1923.

ders.: Kapitalzins und Konjunkturaufschwung. In: Zeitschrift für die gesamte Staatswissenschaft, 96. Bd. (1936).

ders.: Die Entstehung der Überinvestition. In: Schmollers Jahrbuch, 61. Bd. (1937).

Myrdal, Gunar: Der Gleichgewichtsbegriff als Instrument der geldtheoretischen Analyse. In: Beiträge zur Geldtheorie. Wien 1933.

Neisser, Hans: Der Tauschwert des Geldes. Jena 1928.

Nell-Breuning, Oswald v.: Wohnungsbau- und Mietpreispolitik heute. In: Hamburger Jahrbuch für Wirtschafts- und Gesellschaftspolitik. Tübingen 1961, 6. Jg.

Paede: Das neutrale Geld — „Schleier" oder „ökonomisches Kraftfeld"? Berlin 1957.

Paulsen, Andreas: Liquidität und Risiko in der wirtschaftlichen Entwicklung. Frankfurt/M. 1950.

ders.: Zins und Systemgleichgewicht. In: Weltwirtschaftliches Archiv, Bd. 73 (1954).

Pedersen, Jørgen: The theory of inflation. In: Weltwirtschaftliches Archiv, Bd. 73 (1954).

ders.: The Concept of Money. In: Weltwirtschaftliches Archiv, Bd. 72 (1954).

Peltzer, Ernst: Der reale Kapitalzins und der Darlehnszins. Jena 1932.

Pigou, A. C.: The Value of Money. In: Readings in Monetary Theory. London 1952.

Plesch, Apard: Die Goldklausel. Wien 1936.

Stabile *Preise* in wachsender Wirtschaft. Erich Schneider zum 60. Geburtstag. Tübingen 1960.

Preiser, Erich: Der Begriff des Preisniveaus und das Problem der Kaufkraftstabilisierung. In: Jahrbücher für Nationalökonomie und Statistik, 158. Bd. (1943).

ders.: Investition und Zins. In: Jahrbücher für Nationalökonomie und Statistik, 170. Bd. (1958).

Prion, W.: Kreditpolitik. Berlin 1926.

Radi, Dagobert: Abwertungen und Entwertungen einer Währung und ihre Auswirkungen auf die Wirtschaft. Diss. Wien 1949. Hochschule für Welthandel.
Die *Reichsbank* 1876—1900. Berlin 1901.
Die *Reichsbank* 1901—1925. Berlin 1926.
Rist, Charles: Geschichte der Geld- und Kredittheorien von John Law bis heute. Bern 1947.
Rittershausen, Heinrich: Arbeitslosigkeit und Kapitalbildung. Jena 1930.
ders.: Die Zentralnotenbank. Frankfurt/M. 1962.

Schack, Herbert: Die Pacht nach gleitender Skala. In: Jahrbücher für Nationalökonomie und Statistik, 120. Bd. (1923).
Schiff, Erich: Kapitalbildung und Kapitalaufzehrung im Konjunkturverlauf. Wien 1933.
Schlag, Hans Werner: Aktien als Vermögensanlage. Frankfurt/M. 1959.
Schmidt, Fritz: Betriebswirtschaftliche Konjunkturlehre. Berlin-Wien 1933.
Schmidt, Ingo: Auswirkungen der Rentenreform auf die Stabilität des Geldwertes. Berlin 1961.
Schneider, Erich: Einführung in die Wirtschaftstheorie. III. Teil: Geld, Kredit, Volkseinkommen und Beschäftigung. Tübingen [4]1957.
Schoeck, Helmut: Was heißt politisch unmöglich? Erlenbach-Zürich-Stuttgart 1959.
Schrempf, Claus: Geld richtig anlegen. München 1955.
Schumpeter, Joseph A.: Konjunkturzyklen. Göttingen 1961.
ders.: Das Sozialprodukt und die Rechenpfennige. In: Archiv für Sozialwissenschaft und Sozialpolitik, 44. Bd. (1917/18).
Seitl, Helmut: Ökonomische und finanzpolitische Probleme der sogenannten Wertsicherungsklauseln. Diss. Wien 1954. Hochschule für Welthandel.
Deutsche *Spar*kassenzeitung Jg. 1929, Nr. 94.
Spiethoff, Arthur: Die wirtschaftlichen Wechsellagen. Tübingen-Zürich 1955.
Spitzl, Maximilian: Wertsicherungsklauseln als Mittel privatwirtschaftlicher Vorsorge. Diss. München 1959.
Stergar, Ernst: Geldwertrisiko und Investitionsanleihen. In: Österreichisches Bank-Archiv, 6. Jg. (1958).
Stern, Joseph: Die Sicherung langfristiger Anleihen gegen Währungsschwankungen. Berlin 1932.
Stucken, Richard: Die wertbeständigen Anleihen in finanzwirtschaftlicher Betrachtung. In: Schriften des Vereins für Sozialpolitik, 166. Bd., München-Leipzig 1924.
Stucken, Rudolf: Deutsche Geld- und Kreditpolitik 1914—1953. Tübingen 1953.
Stützel, Wolfgang: Volkswirtschaftliche Saldenmechanik. Tübingen 1958.

Thomas, Brinley: The monetary doctrines of Professor Davidson. In: Economic Journal, Vol. X V.

Übersicht der bis Ende März 1925 zur Ausgabe gelangten wertbeständigen Anleihen. Berlin 1925 (Buchwalds Börsenberichte).
Ungern-Sternberg, Roderich v.: Geldentwertung und Stabilisierung in ihren Einflüssen auf die soziale Entwicklung in Österreich. In: Schriften des Vereins für Sozialpolitik, Bd. 169. München-Leipzig 1925.
ders.: Geldwertschwund, sozialer Friede und Staatsgefühl. Frankenstein 1926.

Veit, Otto: Volkswirtschaftliche Theorie der Liquidität. Frankfurt/M. 1948.
ders., u. a.: Die veränderte Währungspolitik und ihre Folgen. Frankfurt/M. 1957.
ders.: Der Wert unseres Geldes. Frankfurt/M. 1958.
ders.: Grundriß der Währungspolitik. Frankfurt/M. 1961.
Vershofen, Wilhelm: Vertrauen als wirtschaftspolitischer Faktor. In: Wirtschaftsfragen der freien Welt. Frankfurt/M. 1957.

Waffenschmidt, W. G.: Wirtschaftsmechanik. Stuttgart 1937.
Weber, Adolf: Allgemeine Volkswirtschaftslehre. Berlin [6]1956.
ders.: Depositenbanken und Spekulationsbanken. München-Leipzig [4]1938.
ders.: Geld, Banken, Börsen. München [5]1955.
Wicksell, Knut: Geldzins und Güterpreise. Jena 1898.
ders.: Vorlesungen über Nationalökonomie. 2. Bd.: Geld und Kredit. Jena [2]1928.
Wieser, Friedrich v.: Gesammelte Abhandlungen. Tübingen 1929.
ders.: Theorie der gesellschaftlichen Wirtschaft. Grundriß der Sozialökonomie, I. Abt. II. Teil. Tübingen [2]1924.
Wilken, Folkert: Die Phänomenologie des Geldwert-Bewußtseins. In: Archiv für Sozialwissenschaft und Sozialpolitik, 56. Bd. (1926).
Wirkungen und Ursachen des hohen Zinsfußes in Deutschland. Hrsg. Karl Diehl u. a. Jena 1932.
Wirtschaft und Statistik Jg. 1961, Heft 6.
Wissler, Albert, u. a.: Das Zinsproblem in theoretisch-empirischer Sicht. Berlin 1954.
Wissmann, Bernhard: Die Zinsempfindlichkeit der deutschen Sparer. Berlin 1960.
Wolff, Salomon: Die Industrieanleihe als Notbehelf. In: Zeitschrift für das gesamte Kreditwesen, 10. Jg. 1957.
Frankfurter Allgemeine *Zeitung* vom 20. 7. 62, Nr. 166.

Zeuthen, Frederik: Economic theory and method. Cambridge Mass. 1955.
Zwiedineck, Otto von: Die Einkommensgestaltung als Geldwertbestimmungsgrund. In: Schmollers Jahrbuch, 33. Bd. (1909).

Register

Kolibri 360 GmbH
Ferdinand-Jühlke-Straße 7
99095 Erfurt, Deutschland
produktsicherheit@kolibri360.de